D1996160

StyleCityTravel

LONDON

StyleCityTravel

LONDON

Mit über 400 Farbfotos und 7 Karten

CHRISTIAN VERLAG

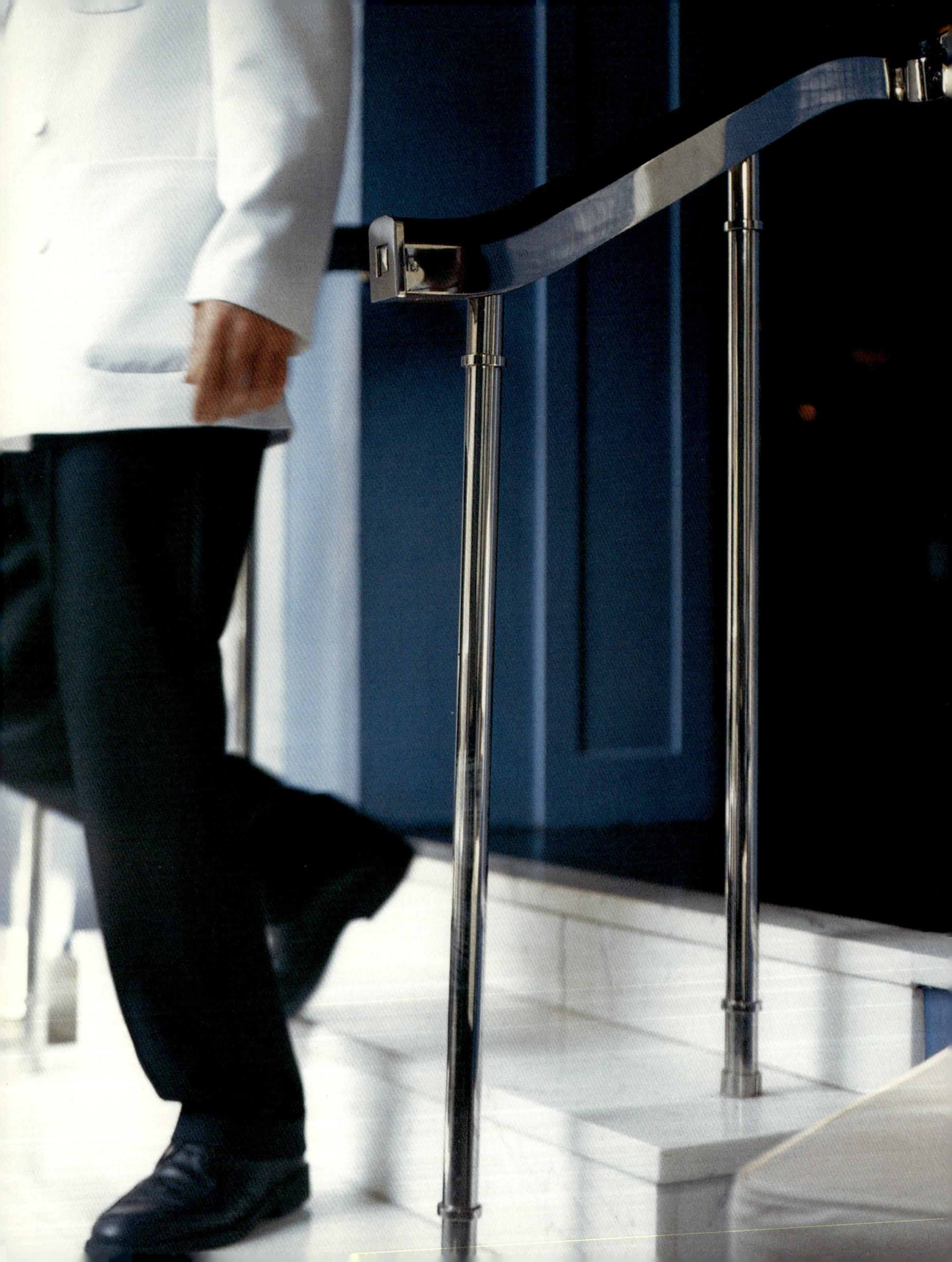

Inhalt

Straßenweise

Londons Style-Adressen

Aus dem Englischen übersetzt von Tracey J. Evans
Redaktion: Sylvi Zähle; Trudie Trox/via-Redaktion, München
Korrektur: Dr. Michael Schenkel
Umschlaggestaltung: Caroline Daphne Georgiadis,
Daphne Design
Satz: Carmen Marchwinski, München

2., erweiterte und vollständig aktualisierte Neuauflage 2006

www.christian-verlag.de

Die Originalausgabe mit dem Titel *StyleCity London*
erschien erstmals 2003 in Großbritannien
bei Thames & Hudson Ltd, London

Serienkonzept und Redaktion: Lucas Dietrich
Text: Phyllis Richardson
Fotos: Ingrid Rasmussen, Anthony Webb und Francesca Yorke
mit Ausnahme der Fotos auf Seite 145 (mit freundlicher
Genehmigung des Restaurants Tom Aikens)
Gestaltungs- und Kartenkonzept: The Senate
Design: Grade Design Consultants
Karten: Peter Bull

Druck und Bindung: C & C Offset Printing Co. Ltd.
Printed in China

ISBN 3-88472-567-X

HINWEIS
Alle Informationen und Hinweise, die in diesem Buch enthalten sind, wurden von der Autorin nach bestem Wissen erarbeitet und von ihr und dem Verlag mit größtmöglicher Sorgfalt überprüft. Unter Berücksichtigung des Produkthaftungsrechts müssen wir allerdings darauf hinweisen, dass inhaltliche Fehler oder Auslassungen nicht völlig auszuschließen sind. Für etwaige fehlerhafte Angaben können Autorin, Verlag und Verlagsmitarbeiter keinerlei Verpflichtung und Haftung übernehmen.
Korrekturhinweise sind jederzeit willkommen und werden gerne berücksichtigt.

Über dieses Buch

Dieser Travel-Guide stellt Ihnen die britische Metropole in zwei großen Kapiteln vor: **Straßenweise** und mit **Londons Style-Adressen.**

Straßenweise orientiert sich an den Stadtvierteln und beschreibt Gebiete, die man im Laufe eines Tages zu Fuß erkunden kann. Dabei präsentiert es eine vielseitige Auswahl an Cafés, Läden, Restaurants, Museen, Veranstaltungsorten und Bars, die entweder noch wenig bekannt oder für die Umgebung charakteristisch sind. Vor jeder Empfehlung steht eine Zahl, die sich auf die Karte des Kapitels bezieht. Diese soll als grobe Orientierung die Distanz zu bedeutenden Sehenswürdigkeiten veranschaulichen. Die Beschreibung der Empfehlungen im Kapitel folgt der Nummerierung in der Karte. **Londons Style-Adressen** stellt die besten und charakteristischsten Hotels **(Schlafen),** Restaurants **(Essen),** Cafés und Bars **(Trinken),** Boutiquen und Geschäfte **(Shopping)** und Ausflugsziele **(Raus aus der Stadt)** vor.

Londons Style-Adressen sind jeweils zwei Nummern vorangestellt: Die obere verrät die Buchseite der Umgebungskarte, auf der die Adresse zu finden ist, die untere die Nummer, mit der sie auf der Karte bezeichnet ist.

Man könnte einen Städtetrip zum Beispiel damit beginnen, aus **Londons Style-Adressen** ein Hotel auszuwählen. Nach der Ankunft hilft das entsprechende Kapitel in **Straßenweise** dabei, ein Plätzchen für einen Kaffee zu finden und weckt zugleich Ihre Aufmerksamkeit für ein spannendes Museum in der Nähe. Nach dem Lunch möchten Sie sich vielleicht in einem besonderen Juweliergeschäft aus dem Abschnitt **Shopping** umsehen. Sie suchen nach der Top-Adresse für ein denkwürdiges Dinner-Erlebnis? Ziehen Sie wieder das Kapitel in **Straßenweise** zurate und lassen Sie sich per Querverweis auf den Abschnitt **Essen** unter **Londons Style-Adressen** in ein außergewöhnliches Restaurant führen.

Zu jedem Eintrag ist die Adresse angegeben. Alle Einträge in alphabetischer Folge, komplett mit Adresse, Telefonnummer, E-Mail- und Internetadresse, finden Sie im **Adressenverzeichnis** am Ende des Buches.

Legende

Empfehlung

Museum, Sehenswürdigkeit

Platz, Markt

U-Bahn-Station

Straßen (Neben- und Hauptstraßen)

LONDON STELLT SICH VOR

Wie viele Weltstädte ist London heterogen und vielschichtig, komplex und widersprüchlich. Dem Bericht der Vereinten Nationen aus dem Jahr 2000 zufolge zählt das Ballungsgebiet siebeneinhalb Millionen Menschen. London steht unter den größten Städten der Welt an 26. Stelle. Damit gehört es nicht zu den allergrößten Metropolen der Erde, doch zweifellos zu den vielfältigsten und kulturell einflussreichsten. London ist nicht eine von vielen Hauptstädten auf einem Kontinent, sondern Hauptstadt einer Insel. Diese Tatsache hat es oft vor den großen Mächten auf dem Festland jenseits des Ärmelkanals und des Atlantiks isoliert – oder geschützt.

Forciert durch sein dichtes urbanes Gewebe, das der große Brand von 1666 und der Zweite Weltkrieg aufbrachen, haben Londons politische, kulturelle und soziale Sphären eine dynamische Art, sich zu mischen und zu überschneiden. Anders als viele europäische Städte, die konzentrisch aus historischen (üblicherweise mittelalterlichen) Machtzentren hervorgegangen sind, oder amerikanische Städte (außer Los Angeles), denen ein demokratisches Raster zugrunde liegt, ist London eine Verflechtung von im Wesentlichen eigenständigen Dörfern, die im Laufe der Zeit miteinander verschmolzen. Was im 17. Jh. ein königliches Jagdrevier oder im 19. Jh. ein Vorort war, ist im größeren Ganzen des Londons der Gegenwart aufgegangen.

Folglich hat London nicht ein Zentrum, sondern viele. Mit Ausnahme der Mall blieb es von großen städtebaulichen Gesten, die eher große Achsen als Zentren schufen, unberührt. Londons Komposition aus kleineren Straßen und Passagen wirkt entschieden unmodern und wenig großartig, aber sehr zugänglich. Während die meisten Besucher die wichtigsten Sehenswürdigkeiten – Trafalgar Square, Buckingham Palace, St Paul's Cathedral – für das Herz der Stadt halten, existiert ein solches Zentrum für Londoner nicht, abgesehen vielleicht von der Hauptstraße ihres Viertels. Es gibt das Banken- und Börsenviertel (The City) und kulturelle Brennpunkte wie das West End, aber an sich sind Londons Stadtkerne überall. Das wahre London lernt man am besten in seinen »Dörfern« kennen.

Das neue Millennium hat der Hauptstadt eine Reihe von Großprojekten beschert. Sie haben der Welt der Künste, der Gestaltung und der Mode frische Impulse gegeben und das »Cool Britannia«-Image über die Medien hinaus gefestigt. Der wohl erfolgreichste und populärste dieser jüngsten Impulsgeber ist die Tate Modern (S. 101). Sie hat das bis dahin eher gedämpfte Interesse der Briten an Gegenwartskunst geweckt, den Besuchern der Stadt ein modernes Kulturziel und einem vernachlässigten Teil Londons, der South Bank, einen ungeahnten Frühling beschert. Auch weniger bekannte, doch gleichermaßen wichtige Kultureinrichtungen atmen neues Leben: Die National Portrait Gallery wurde erweitert – um einen Flügel, zu dem ein Restaurant mit sensationeller Aussicht über die Stadt gehört (S. 148). Auch das Royal Opera House (S. 54) hat man saniert und ausgebaut und in das quicklebendige Touristenziel Covent Garden Piazza eingefügt. Das British Museum bekam seine ursprüngliche Gestalt aus dem 19. Jh. zurück und verdankt der Glasüberdachung von Architekt Sir Norman Foster einen großen Innenhof. Somerset House (S. 57) wurde neu konzipiert und renoviert. Zahlreiche seiner bedeutenden Sammlungen moderner Kunst sind nun der Öffentlichkeit zugänglich. Eine Reihe kleinerer Museen wird seit dem Jahr 2000 saniert und ausgebaut: Die Wallace Collection in Marylebone (S. 63) etwa erfreut sich eines neuen, von Rick Mather gestalteten Atriums.

Keines dieser Bauvorhaben aber verkörpert den Optimismus der Stadt und ihre Ausrichtung auf das 21. Jh. so sehr wie das ebenfalls von Foster gestaltete Domizil der Greater London Authority (G. L. A.) und das Riesenrad London Eye der Architekten Julia Barfield und David Marks an Londons South Bank. Mit ihren geschwungenen Linien in prominenter Lage am Flussufer signalisieren sie Londons Offenheit für Modernität und neue Ausdrucksformen.

Auch wenn Londons Antlitz unter großer öffentlicher Anteilnahme saniert wird, das dynamischste Element der Stadt ist und bleibt ihre blühende Subkultur. Neue Trends in Musik, Mode und Kunst, die sich international durchsetzen, sind häufig eher Produkte der Londoner Underground-Szene als die arrivierter Institutionen. Um die Jahrtausendwende haben Londons Vorstellungen von Streetstyle die Welt so sehr beeinflusst wie zuletzt in den 1960ern. Die Trends einer vitalen, jungen Kultur verschmelzen mit einem breiten Spektrum ethnischer Einflüsse und beweisen stets aufs Neue, dass London eine der kreativsten Städte der Welt ist.

Wie bei allen Großstädten ist es unmöglich, das Wesen Londons in einen Satz zu fassen, und selbst Einheimische sind nicht in der Lage, die Stadt in ihrer Komplexität zu charakterisieren und das typisch Englische in ihr mit dem zu vereinen, was international ist. Aber London lebt von den Widersprüchen, die es hervorbringt, und den Grenzen, die es verwischt. Wer London jenseits der Touristenattraktionen erleben möchte, wird die Eigenarten der Stadt, ihre Einmaligkeit und ihren zeitlosen Charme an den Orten entdecken, die im Folgenden beschrieben sind.

Straßenweise

Notting Hill • Holland Park • Kensington • Knightsbridge
Chelsea • Mayfair • Soho • Covent Garden • Marylebone • Fitzrovia
Bloomsbury • Holborn • Clerkenwell • Islington • King's Cross • City
Brick Lane • Shoreditch • South Bank • Southwark • Bermondsey

Notting Hill
Holland Park
Kensington

KENSAL TOWN
Harrow Road
Kensal Road
1 Kilometer
Barlby Road
St Mark's Road
Ladbroke Grove
Portobello Road
Golborne Road
Chesterton Road
Cambridge Gardens
St Helen's Gardens
St Mark's Road
Westway
WESTBOURNE PARK
Great Western Road
WESTBOURNE GREEN
Westway
Westbourne Park Villas
Westbourne Park Road
ROYAL OAK
PADDINGTO
Porchester Road
All Saints Road
Westbourne Park Road
Talbot Road
Talbot Road
Chepstow Road
Hereford Road
Ledbury Road
LADBROKE GROVE
Westway
Bramley Road
Cornwall Crescent
Blenheim Crescent
Elgin Crescent
Elgin Crescent
Portobello Road
Colville Road
Westbourne Grove
Denbigh Road
Westbourne Grove
Queensway
Pembridge Villas
Chepstow Place
Ilchester Gardens
BAYSWATER
LATIMER ROAD
St Ann's Road
Walmer Road
NOTTING HILL
Kensington Park Road
Portobello Road
Moscow Road
BAYSWATER
Pembridge Square
St Petersburgh Pl.
Queensway
Inverness Terrace
Avondale Park
Ladbroke Square Gardens
Ladbroke Square
QUEENSWAY
Portland Road
Clarendon Road
Lansdowne Road
Ladbroke Grove
NOTTING HILL GATE
Bayswater Road
West Cross Route
Notting Hill Gate
HOLLAND PARK
Holland Park Avenue
St Ann's Road
Kensington Palace Gardens
Kensington Gardens
Campden Hill Road
Kensington Church Street
HOLLAND PARK
Holland Park Avenue
SHEPHERD'S BUSH
Holland Park
Kensington Palace
The Broad Walk
Round Pond
KENSINGTON
Kensington Palace Green
SHEPHERD'S BUSH
Holland Road
Addison Road
Holland Park
Abbotsbury Road
Holland Street
Campden Hill Road
Kensington Road
Addison Gardens
Phillimore Gardens
Commonwealth Institute
Kensington High Street
HIGH STREET KENSINGTON
Palace Gate
Masbro Road
Sinclair Road
KENSINGTON (OLYMPIA)
Melbury Road
Holland Park Road
Holland Road
Addison Road
Kensington High Street
Edwardes Square
S. Edwardes Sq.
Earls Court Road
Blythe Road
Olympia Way
Olympia
Hammersmith Road
Warwick Gardens
Pembroke Gardens
Pembroke Road
SOUTH KENSINGTON
Gloucester Road
Cromwell Road
GLOUCESTER R
1 2 3 4 5 6 7 8 9 10 11 12 13 14 15 16 17 18 19 20 21 22 23 24 25 26 27 28 29 30 31 32 33 34 35 36 37

Bei einem Bummel durch die Designergeschäfte und Trendcafés von Notting Hill würde man nicht für möglich halten, dass dies bis in die späten Fünfzigerjahre eine der ärmsten Gegenden Londons war. Gleichermaßen überraschend: Notting Hill ist auch das Zentrum der afrokaribischen Kultur der Stadt – eine Tatsache, die man jedes Jahr vom letzten Samstag im August bis zum darauf folgenden Montag feiert. Dann bricht der Notting Hill Carnival los, und rund zwei Millionen Besucher strömen in die Stadtbezirke W11 und W2 zu Tagen und Nächten voller farbenfroher Paraden, Musik und Straßenfeste. Im Zuge der Aufwertung des Viertels, die vor einigen Jahren begann, wurde Notting Hill zur bevorzugten Wohngegend der »Trustafarians«: Diese Mittzwanziger und -dreißiger aus privilegierten Familien wollen das Leben der Boheme führen – allerdings nicht ganz ohne den gewohnten Luxus und mit einem beruhigenden Vermögen (»trust«) im Rücken. Obwohl Notting Hill in den letzten Jahrzehnten massiv erneuert und restauriert wurde und durch den gleichnamigen Film mit Hugh Grant und Julia Roberts mehr denn je ins öffentliche Bewusstsein rückte, ist man hier immer noch fest entschlossen, das künstlerisch angehauchte, unkonventionelle Lebensgefühl zu bewahren.

Die besondere Stimmung des Viertels, die der Notting Hill Carnival auf spektakuläre Art und Weise komprimiert, können Besucher das ganze Jahr über erleben: Der Antiquitätenmarkt auf der Portobello Road, geographisches wie geistiges Rückgrat des Viertels, verströmt jedes Wochenende großstädtisches Multikulti-Flair. Er ist eine Fundgrube für allerlei Viktorianisches. Die Shops und Pubs, die das nördliche Ende der Portobello Road säumen, repräsentieren mit Talent und Biss Notting Hills junge Szene. Die All Saints Road, einst für ihre lässige, drogengeschwängerte Atmosphäre bekannt, ist heute eine fast idyllische Enklave mit schicken, einfallsreichen Restaurants, Bars und Boutiquen. Etwas verwegenere Locations liegen rund um die Kreuzung Westbourne Grove und Needham Road. Dort, wo Westbourne Grove und Ledbury Road aufeinander treffen, locken topaktuelle Designer, Galerien und Lokale.

Holland Park und Kensington, weiter südlich, sind hauptsächlich gehobene Wohngebiete. Zentrum der Gegend ist der Holland Park, eine der herrlichen grünen Oasen, für die London so bekannt und beliebt ist. Während viele Orte in London für ihre Energie und ihren Schwung berühmt – oder berüchtigt – sind, verkörpert Kensington auf das Schönste die englische Vornehmheit und Zurückhaltung. Es ist zwar städtisch geprägt, aber, wie etliche andere Londoner Viertel, nur eines der vielen eigenwilligen Dörfer der Metropole.

tarbucktizard
TAILORS

SCHICK BIS ZU DEN ZEHENSPITZEN

1 Olivia Morris

355 Portobello Road

Ihre schwungvollen Schuhideen aus pflaumenfarbenem Leder mit glitzernden Kappen, ihre Tangosandalen aus pinkfarbenem Moiré und kniehohen roten Wildlederstiefel stürmen die Modegazetten. Olivia Morris studierte am bekannten Cordwainer College Schuhdesign und arbeitete bald darauf für DKNY, Boyd, Evisu oder Patrick Cox – während sie bereits eine eigene Kollektion entwarf. Im Fenster ihres Laden am oberen Ende der Portobello Road deuten, von schwarzen Vorhängen eher verhüllt als umrahmt, verführerische Kostproben an, was den Schuhfreund im Laden erwartet: schräge, raffinierte Schuhe, die unverfroren sexy sind. Details wie abnehmbare Schleifen, Schnallen, Glitzer- oder Spiegelelemente und das silberne Lederfutter – Olivias Markenzeichen – verleihen ihren Schuhen Wiedererkennungswert. Sie kooperiert mit Modeschöpfer Matthew Williamson (S. 47), entwirft mit dem angesagten Designerduo Preen (s. r.) die Modenschauen und hat für Topshop eine tragbare Schuhkollektion vorgelegt.

ANTIQUITÄTEN UND NIPPES

2 Portobello Road

Portobello Road wurde zum Synonym der Londoner Straßenmärkte. Zurückgehend auf das späte 19. Jh., ist er heute berühmt für Antiquitäten, Stiche und Accessoires – nördlich von Chepstow Villas wird die Auswahl besonders interessant. Einige der Stände sind Ableger von Geschäften, ein guter Teil aber ist unabhängig. Das Angebot reicht von echten Kostbarkeiten bis hin zu Stücken, die einfach nur schrullig sind. Auf dem Markt gibt es ferner Kleider, CDs, Platten und allerlei Buntes. Vielleicht ist es die Jahrmarktsatmosphäre, die Portobello Market so reizvoll macht – auf jeden Fall kann man hier auf höchst angenehme Art den Samstagmorgen verbringen (die Geschäfte sind werktags geöffnet).

ZIVILISIERTE CLUBKULTUR

3 Number 10

10 Golborne Road

Mit seiner schicken Bar, die Frühstück, Lunch und eine coole Auswahl an Gins und Sherrys serviert, einer Bar für Mitglieder und einem Restaurant in edlem Weiß bietet das Number 10 kultiviertes Partyambiente, das selbst die Erwartungen clubkundiger Nachtschwärmer überflügelt. Stamm- und Gast-DJs sowie Sonntagsevents sorgen für hörenswerten Techno-Ambient-Sound. Der Location, die nach eigenen Angaben »weder Bar noch Gastro-Pub« ist, steht ihr Dekormix aus 1950er-Jahre, Skihüttenoptik, Dadazeitung und Regency-Tapete gut. Machen Sie es sich gemütlich. Probieren Sie die einfallsreiche Speisekarte aus und lauschen Sie dazu klassischer Livemusik. Oder: Sie stehen einfach auf und tanzen.

VINTAGE-MODE

4 Rellik

174

HORIZONTAL ABHÄNGEN

5 Bed Bar

310 Portobello Road

Am oberen Ende des Portobello Market entdeckt man die geräumige Bed Bar. Sie ist so entspannend, wie ihr Name klingt. Die sonst üblichen wackeligen Holzstühle sind hier breiten, farbenfroh gepolsterten Bänken mit Kissen gewichen. Das Untergeschoss animiert zum Faulenzen, in der oberen Etage laden Tische und eine separate Cocktailbar zu angeregten Gesprächen ein. Ein guter Platz, um bei einem Pint den Nachmittag zu verbummeln oder gar bis in den Abend auszudehnen.

KREATIVE STUDIOS

6 Under the Westway

156

JUNG UND EINFALLSREICH

7 Portobello Green

281 Portobello Road

- Preen, Nr. 5
- Baby Ceylon, Nr. 16
- Zarvis, Nr. 4

Im Schutz der Westway-Überführung, versteckt in einer Seitenstraße der regen Portobello Road, liegt eine Passage, die aus nicht erfindlichen Gründen den Namen Portobello Green führt. Grün ist hier zwar kaum zu finden, dafür aber genug andere Farben, um die Besucher in die bunte Reihe kleiner Boutiquen zu locken. Die gefächerten und plissierten Entwürfe im neoviktorianischen Stil von Preen haben mittlerweile eine prominente Fangemeinde. Baby Ceylon führt Damenmode in Pastelltönen mit floralen Mustern. Von Zarvis werden Sie so schnell nicht wieder loskommen – das Geschäft ist köstlich duftende Verführung, ein Füllhorn an Duftölen, Badesalzen und Körperpflegeprodukten.

STRASSE DER MODE

8 Portland Road

- Julie's, Nr. 135
- Virginia, Nr. 98
- The Cross, Nr. 141

Die Portland Road im Norden von Notting Hill entwickelt sich zu einer *neighbourhood* mit stylischem Eigenleben. Das Virginia lockt mit viktorianischen Spitzen und feinen Kleinigkeiten späterer Epochen die Vintage-Süchtigen aus ganz London an. Seine Strohhüte und Blumen spiegeln sich in dem romantischen Wintergarten gegenüber. Er gehört zum Lokal Julie's, das längst ein Liebling der Anwohner ist, nicht zuletzt wegen seiner thematisch gestalteten Räume, die abends in Kerzenglanz erstrahlen. Etwas weiter die Straße hinauf finden Sie eine weitere Location für Londoner Designer wie Prominente: Neben neuester Mode britischer Labels wie Goat führt das Cross jene magischen Accessoires, die in der Welt der Mode Bände sprechen.

FLOWERPOWER

9 Cath Kidston

8 Clarendon Cross

Der Laden der britischen Textildesignerin Cath Kidston ist ein lauschiges Gemach mit leuchtenden Drucken in einem frischen, entschieden britischen Stil, dessen witzig-nostalgische Optik allseits gepriesen wird. Lebhafte Blumenmuster, kühne Tupfen und Streifen schmücken Schürzen ebenso wie Tischdecken. Wer selbst kreativ werden möchte, findet hier (stoff-)ballenweise Material.

KUNSTVOLLE VINTAGE-MODE

10 Mary Moore

5 Clarendon Cross

Trendsetterin Mary Moore, Tochter des Bildhauers Henry Moore, hat in diesem kleinen Modemekka zwischen Holland Park und Notting Hill eine Boutique für feinste Vintage-Mode eröffnet.

MODERNER TISCHSCHMUCK

11 Vessel

114 Kensington Park Road

Nadia Demetriou Ladas' Galerieladen ist das Ergebnis einer Leidenschaft. Nach einem Besuch im südschwedischen »Glasreich« begann sie Glas aus den 1950ern zu sammeln. Ihre Begeisterung für zeitgenössische Gestaltung wird an den skandinavischen Stücken, italienischer Glaskunst und Arbeiten von so wichtigen Briten wie Tom Dixon und Nigel Coates sowie des Bildhauers Anish Kapoor sichtbar. »Alle Objekte«, erklärt sie, »folgen Walter Gropius' Definition von guter Gestaltung, die sagt, sie sollten Schönheit, Qualität, Funktionalität und Erschwinglichkeit vereinen.« Den Laden gestaltete Ladas' Partner, der Möbeldesigner Angel Monzon.

DER NEUE KLASSIKER

12 Paul Smith

164

MIT ALLEN SCHIKANEN

13 The Electric Cinema + Brasserie

191 Portobello Road

Seit seiner Umgestaltung durch Nick Jones, den Mann hinter dem Members Club Soho House und Babington House bei Bath (S. 180), hat das Electric – bei Kinokennern längst eine Institution – an Popularität gewonnen. Eine grandiose Glasfassade verbirgt die mit Raffinesse angegangene Renovierung des 1910 eröffneten Kinos, die herrlich bequeme Ledersessel mit Fußschemeln sowie Tische für den Filmimbiss ergänzte. Die Bar öffnet eine halbe Stunde vor der Vorführung, serviert Wein, Bier, Sekt und Cocktails, aber auch Häppchen. Dies alles trägt zu einem der behaglichsten und erfüllendsten Abende bei, die Sie je im Kino verbracht haben. Verzagen Sie nicht, wenn Sie an der Bar keinen Platz finden! In der Electric Brasserie genießt man Hamburger ebenso wie delikate Meeresfrüchte. Ein guter Ort, um sich mit Freunden nach dem Kino zu verabreden.

HIP UND HAPPY

14 Trailer Happiness

158

DIE BESTEN IM WESTEN

15 All Saints Road

- Ashbells, Nr. 29
- Uli, Nr. 16
- Manor, Nr. 6-8
- The Jacksons, Nr. 5

In der All Saints Road mischt sich das unkonventionell schräge Notting Hill mit dem Guten und Teuren. Die Enklave in der Nähe des beliebten Portobello Market ist ein Mikrokosmos des Besten des Londoner Westens. Am oberen Ende der Straße entdeckt man den Newcomer Ashbells. Wem bei *Carolina Pulled Pork and Creamy Grits* (Schweinefleisch vom Grill mit cremiger Maisgrütze), bei Hühnerleber Southern-Style mit gebratenen Zwiebeln oder Puffern aus Maryland-Krabben das Wasser im Mund zusammenläuft, der sollte vorbeischauen, denn nirgendwo sonst in London schmeckt Soul-Food mit Südstaaten-Flair so gut wie hier. Eine ganz andere, nicht weniger hippe Location ist das Manor. In einer Gegend, in der Lokale wie Modetrends wechseln, hat das Manor nicht zuletzt dank der leckeren Cocktails unter Nachtschwärmern treue feierfreudige Fans. In den gemütlichen Sitzecken kann man gut frühstücken oder brunchen. Die beliebten englischen Retro-Designer The Jacksons verkaufen in einem ganz in Weiß gestalteten Shop ihre heiß begehrten Schuhe, Taschen, Schals und Hüte. Nur hier ist ihre gesamte Kollektion zu sehen! Das Uli, ein Restaurant mit thailändischer und chinesischer Küche, ist das beliebte Kleinod der Nachbarschaft und überrascht mit einem Garten im Innenhof.

MUSIK PUR

16 Rough Trade

130 Talbot Road

Mag Rough Trade von außen auch anderen Independent-Plattenläden gleichen, so ist der 1976 gegründete Shop unter Musikliebhabern dennoch eine Institution. Anfangs auf Musik aus Jamaika und Amerika konzentriert, wandte man sich bald der britischen Punkbewegung zu. Rough Trade begann, Platten zu produzieren, zu vertreiben und zu publizieren. Man meisterte musikalische Hochs und Tiefs wie die erfolgreiche Zusammenarbeit mit den Smiths oder den Verlust von Vertrieb und Verlag. Allen Unbilden zum Trotz ist Rough Trade Szenebrennpunkt geblieben, wo man neue Musik finden und kaufen kann. Seinem Punk-Ethos getreu, war Rough Trade einer der ersten britischen Händler, die Bands wie White Stripes förderten. Man versteht sich als Plattform des Neuen und Innovativen. Wer sich für Vinyl interessiert, CDs oder moderne Klassiker, wer Releases sucht, die schwer zu kriegen sind oder frisch von der Presse kommen, aber auch wer einfach nur neugierig ist, was sich in der Musik Neues tut, sollte auf eine Lauschpause hereinkommen.

UNTER NACHBARN

17 The Cow

138

VERGNÜGEN IM FREIEN

18 The Westbourne

101 Westbourne Park Villas

Das Westbourne sieht so einladend und ansprechend aus, dass man wenigstens auf ein halbes Pint hineingehen sollte. Die Terrasse im Freien und die ruhige Lage unter Bäumen, abseits der betriebsameren Straßen der Gegend, machen einen Teil der Anziehungskraft aus. Das Westbourne ist die Reinkarnation einer alten Nachbarschaftskneipe mit großem Vorhof und Holzinterieur – und mit einer modernen Speisekarte.

WÜRZIGE MISCHUNG

19 Blenheim Crescent

- The Spice Shop, Nr. 1
- Books for Cooks, Nr. 4
- Blenheim Books, Nr. 11

Diese schmale Straße ist reich an literarischen und anderen Überraschungen. Den Anfang macht Birgit Erath, die am Wochenende auch einen Gewürzstand an der Portobello Road betreibt. In ihrem Geschäft führt sie über 2500 Gewürze. So manchem großen Londoner Chefkoch steht sie mit ausgefallenen Gewürzen oder fachmännischem Rat zur Seite. Davon können auch Sie profitieren, etwa bei einem von Eraths Vorträgen bei Books for Cooks gegenüber. Die Koch-Buchhandlung ist nicht nur beste Empfehlung für einschlägige Publikationen, sondern beherbergt zusätzlich ein Café, das mittags fein zubereitete internationale Köstlichkeiten auftischt (keine Reservierungen). Die Rezepte stammen allesamt aus Bänden, die in den Regalen zu finden sind. Falls Sie demnächst Ihre eigene Version vom Garten Eden planen, dann ist Hilfe nah: Blenheim Books ist eine kompetente Quelle für Bücher über die Kunst des grünen Daumens.

feelin
URBAN KULTURE

THE CLASH GIVE 'EM ENOUGH ROPE THE CLASH GIVE 'EM ENOUGH ROPE
ANARCHY IN THE U.K.
SEX PISTOLS
ANARCHY IN THE UK
GOD SAVE THE QUEEN
pretty vacant
HOLIDAYS IN THE SUN
I WANNA BE ME
DID YOU NO WRONG
NO FUN
SATELLITE
SEX PISTOLS
93 FE

Miller Harris

DUCHAMP

ginger

Miller Harris
Miller Harris

The Royal Borough of Kensington
LEDBURY
ROAD, W.11.

HAUTE CUISINE AUS BANGLADESCH

20 Ginger

115 Westbourne Grove

Dieses hell und frisch gestaltete Restaurant mit silbernen Sitznischen und türkisfarbenen Stühlen würde man nicht ohne weiteres mit Bangladesch in Verbindung bringen. Noch erstaunlicher ist das kulinarische Genie von Albert Gomes, ehemals Küchenchef in einem von Bangladeschs Top-Luxushotels. Er hat es sich zur Aufgabe gemacht, bangladeschische Spezialitäten jenseits des allübergreifenden indischen Stils einzuführen. Gebratener roter Kürbis, Ente mit Mango-Curry und bengalische Fischpasteten sind nur einige der ungewöhnlichen Gerichte mit Fisch, Meeresfrüchten, Huhn oder Lamm. Besonders gelobt wird das Biryani.

LEDER DE LUXE

21 Bill Amberg

175

SPÜRNASE

22 Miller Harris

14 Needham Road

Hinter dieser renommierten Marke steht die junge Parfümeurin Lyn Harris. Sie greift für ihre Parfüms auf »altmodische, natürlich gewonnene« Aromen zurück, die in der Verarbeitung weit teurer sind als synthetische Duftstoffe. Sie kreiert komplexe Mischungen wie »Cœur Fleur« aus Duftwicke, Mimose, ägyptischem Jasmin, Himbeere, Pfirsich, Veilchenwurz, Bernstein und Madagaskar-Vanille. Zu dem bezaubernden Geschäft gehört ein Duftgarten voller Rosen, Jasmin und Kräuter. Harris lädt auch Kunden in ihr Labor und ihre Duftbibliothek ein, um ganz individuelle Düfte zu kreieren. Mit der Anmeldung sollten Sie sich allerdings beeilen, der sehr persönliche Service ist über sechs Monate im Voraus ausgebucht. Ein weiterer Miller-Harris-Shop wurde kürzlich in der Bruton Street in Mayfair eröffnet.

KUNSTHANDWERK NEU DEFINIERT

23 Flow

1-5 Needham Road

1999 eröffnete Yvonna Demczynska, nachdem sie in den USA und Japan mit britischem Kunsthandwerk gehandelt hatte, das Flow als »Schaufenster für das Beste im zeitgenössischen britischen Kunstgewerbe«. Auf weißen Regalen werden die Objekte der 40 durch die Galerie vertretenen Künstler präsentiert. Besonders interessant sind Kate Allsops architektonisch anmutende Porzellankreationen, Objekte von Amy Cushing, die Materialien aus der Raumfahrttechnik nutzt, oder die von der Natur inspirierten Metallarbeiten Kim Harrells.

ZAUBERHAFTER SCHMUCK

24 Solange Azagury-Partridge

171

BUNTES, BÜCHER, BLUMEN

25 Ledbury Road

- Duchamp, Nr. 75
- Fiona Knapp, 178a Westbourne Grove
- Simon Finch, Nr. 61a

Ledbury Road ist einer der Dreh- und Angelpunkte der Szene von Notting Hill mit einer charmanten Zeile eigenwilliger Shops. Mitchell Jacobs im Duchamp hat sich auf Herrenhemden, Krawatten, Manschettenknöpfe und Socken mit dem gewissen Etwas spezialisiert. Jacobs hegt eine Vorliebe für kräftige Farben, folglich finden Sie hier bonbonfarbene Hemden in drei Manschettenvariationen (Frack-, Umschlag- oder Zwei-Knopf-Manschette), passende Krawatten in verschiedenen Stoffstrukturen und leuchtenden Mustern, aber auch mit edlen Steinen besetzte Manschettenknöpfe.

Die gebürtige Neuseeländerin Fiona Knapp präsentiert in ihrem schwarzen Schmuckkästchen an der Ecke zur Ledbury Road ihre innovative Metallkunst in Formen, die wie Feuerwerk sprühen. Zu ihrer Kollektion »Mosaik« ließ sie sich von byzantinischen und barocken Kirchen anregen, und ihr verführerisches Ladeninterieur in schwarzem Samt und amethystfarbener Seide wurde von dem Film *Der Leopard* inspiriert.

Nebenan hat Anya Hindmarch (S. 37) einen zweiten Shop eröffnet, wo neben Schuhen und Accessoires auch ihre legendären Taschen zu bekommen sind.

Simon Finch handelt seit seiner Studienzeit mit antiquarischen Büchern. Seine 1999 eröffnete Buchhandlung demonstriert seine erfolgreiche Entscheidung für den technisch-kühlen Stil von Marina Chan von AMP-Design. Wirkungsvoll werden hier Bücher über Fotografie und die Belletristik des 20. Jhs. in Szene gesetzt.

SONNTAGSSTAAT FÜR DIE FÜSSE

26 Emma Hope's Shoes

162

DER FEINE UNTERSCHIED

27 Dinny Hall

170

TRAUMHAFTER FALTENWURF

28 Ghost

36 Ledbury Road

Die träumerischen, weich fallenden Schöpfungen von Tanya Sarne gewinnen seit 1990 Beifall und Auszeichnungen – eine Mode » von Frauen für Frauen«, die jeder Frau das Gefühl vermittelt, schön zu sein. Sarne verabscheut harte Linien und konzentriert sich statt dessen darauf, »wie sich ein Stoff auf der Haut anfühlt«. Deshalb unterzieht sie ihre Kreppseiden, Samt- und Satinstoffe einem Spezialverfahren, das ihnen eine sinnlich-fließende Qualität verleiht.

EIN ZWEITES ZUHAUSE

29 The Main House

128

COCKTAILS UND ...

30 The Lonsdale

155

SÜDAMERIKA-MIX

31 Wall

1 Denbigh Road

Der Peruaner Hernan Balcazar und seine britische Frau Judith haben mit viel Geschick die reiche Vielfalt andiner Stoffe in London eingeführt. Als künstlerische Leiterin erstellt Judith Balcazar mit hauseigenen Modeschöpfern eine Damenkollektion, die bequem für den Tag und elegant genug für den Abend ist. Ob T-Shirt, Leinenjacke und Alpakamantel – alle Stücke verkörpern »Schlichtheit, Luxus und Bequemlichkeit«. Sie entstehen aus Gemischen handgepflückter Baumwolle, Alpaka und Vicuña. Die Sommerfarben sind eher neutral, im Winter dominieren warmes Zimt und Kirschrot.

DER ZAHN DER ZEIT

32 Windsor Castle

154

ANGENEHM BELEBT

33 The Havelock Tavern

57 Masbro Road

Das beliebte Pub mit Restaurant liegt etwas abseits ausgetretener Pfade, aber es beweist, dass man mit zuverlässig guter Küche und lebhafter Atmosphäre reüssieren kann. Das Personal ist angenehm locker, das Dekor nicht zu bemüht und von Steak bis Mönchsfisch alles frisch. Aber seien Sie gewarnt: Der Vorrat an frischem Fisch ist begrenzt, und Kreditkarten gelten im Havelock nicht als Zahlungsmittel.

PRÄRAFFAELITISCHES GESAMTKUNSTWERK

34 Leighton House Museum

12 Holland Park Road

Hinter der Backsteinfassade des Ateliers und Heims von Frederic Lord Leighton (1830–1896) verbirgt sich eine beeindruckende Hymne auf die Ornamentik und das Kunsthandwerk des 19. Jhs. mit dem Hauch orientalischer Exotik. Leighton bezog das Haus 1868. Zu den Schätzen zählen die vielleicht schönste Kollektion von William-de-Morgan-Fliesen und eine Halle im arabischen Stil. Die Sammlungen umfassen viele der exakten Zeichnungen Leightons, einige seiner Gemälde und solche von Zeitgenossen wie Edward Burne-Jones, John Everett Millais und George Frederick Watts.

IN WÜRDE ALTERN

35 The Scarsdale Tavern

23a Edwardes Square

In einer von Kensingtons exklusivsten Gegenden mit weißen georgianischen Reihenhäusern steht, unweit der Kensington High Street, eine entzückende Kneipe mit einer nostalgisch-perfekten Fassade. Die alteingesessene, urige Tavern ist das angestammte Lieblingslokal der betuchten Nachbarschaft, die das gute Essen und die heimelige Atmosphäre genießt.

ZEITLOS KLASSISCH

36 Maggie Jones

6 Old Court Place, Kensington Church Street

In Zeiten der kulinarischen Revolution, die über London hinwegfegt, ist Maggie Jones' in 40 Jahren kaum veränderte Speisekarte fast ein Monument – weniger der Tradition als zuverlässiger Qualität. Krabbencocktail, Avocado und geräuchertes Huhn als Hors d'œuvre sind ebenso wie Fischpastete und pochierter Lachs als Hauptgang vorzügliche Standards, die durch eine Tageskarte ergänzt werden. Holztische und Bänke mit hohen Lehnen auf drei Etagen sorgen auch an den in der Regel lebhaften Abenden für behagliche Dinner-Atmosphäre. Hier fühlt man sich sehr schnell sehr wohl.

INDISCHE KÜCHE NEU ERFUNDEN

37 Zaika

142

Knightsbridge
Chelsea

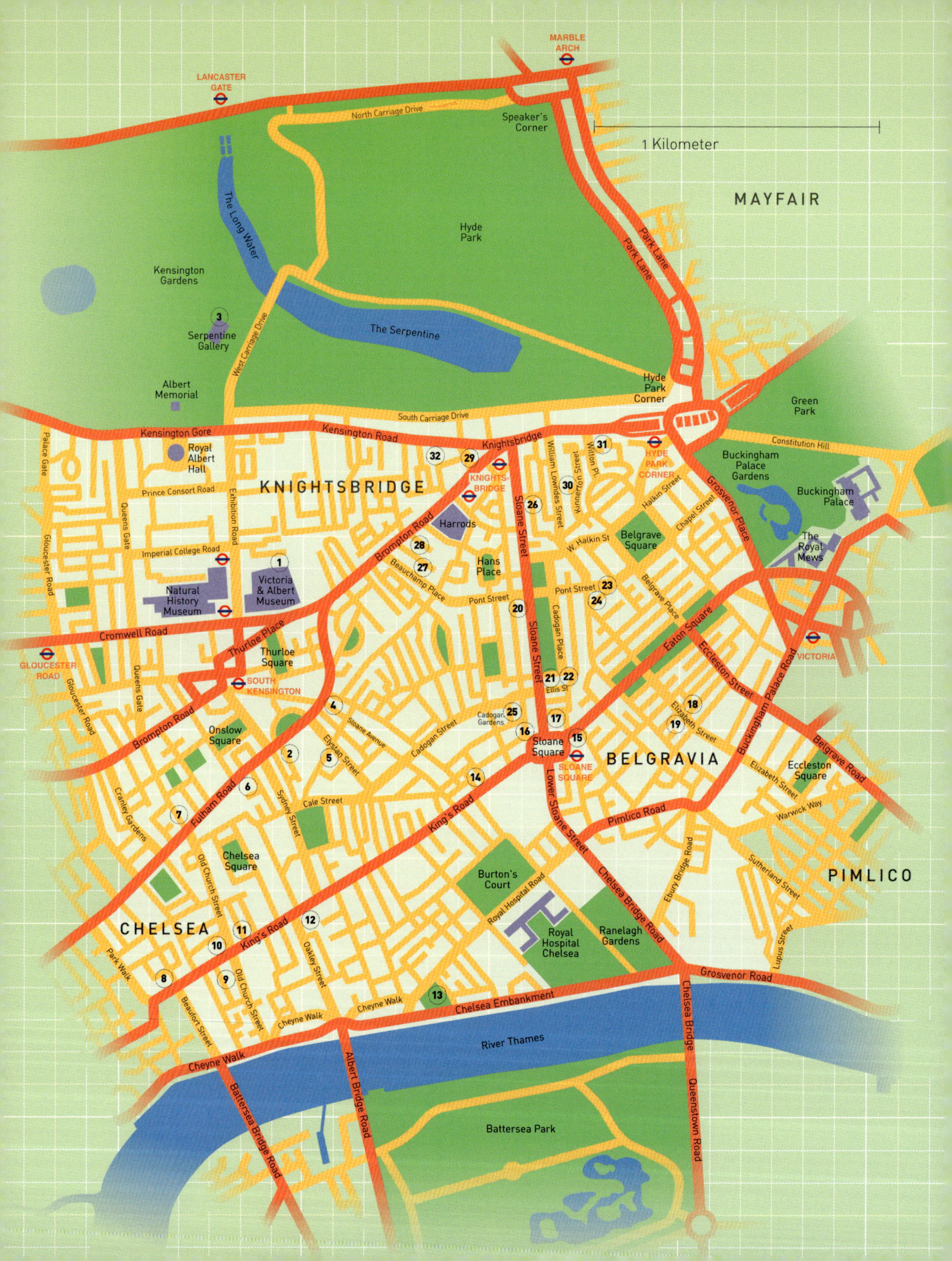

MARBLE ARCH
LANCASTER GATE
North Carriage Drive
Speaker's Corner
1 Kilometer
MAYFAIR
The Long Water
Hyde Park
Kensington Gardens
Park Lane
The Serpentine
Serpentine Gallery
West Carriage Drive
Albert Memorial
Hyde Park Corner
Green Park
South Carriage Drive
Kensington Gore
Kensington Road
Knightsbridge
Constitution Hill
HYDE PARK CORNER
Buckingham Palace Gardens
Buckingham Palace
Royal Albert Hall
Palace Gate
KNIGHTSBRIDGE
Prince Consort Road
Exhibition Road
Queens Gate
Gloucester Road
Imperial College Road
Natural History Museum
Victoria & Albert Museum
Brompton Road
Harrods
Beauchamp Place
Hans Place
Pont Street
Sloane Street
William Lowndes Street
Kinnerton Street
Wilton Pl.
Halkin Street
Chapel Street
Grosvenor Place
W. Halkin St
Belgrave Square
Belgrave Place
The Royal Mews
Cadogan Place
Eaton Square
Eccleston Street
Buckingham Palace Road
VICTORIA
Cromwell Road
Thurloe Place
Thurloe Square
GLOUCESTER ROAD
SOUTH KENSINGTON
Ellis St
Elizabeth Street
Onslow Square
Sloane Avenue
Elystan Street
Cadogan Street
Cadogan Gardens
Sloane Square
SLOANE SQUARE
BELGRAVIA
Eccleston Square
Belgrave Road
Fulham Road
Sydney Street
Cale Street
King's Road
Lower Sloane Street
Pimlico Road
Warwick Way
Cranley Gardens
Chelsea Square
Old Church Street
Burton's Court
Royal Hospital Road
Ebury Bridge Road
Sutherland Street
PIMLICO
CHELSEA
Royal Hospital Chelsea
Ranelagh Gardens
Chelsea Bridge Road
Lupus Street
Oakley Street
Park Walk
Grosvenor Road
Beaufort Street
Cheyne Walk
Chelsea Embankment
River Thames
Chelsea Bridge
Albert Bridge Road
Battersea Bridge Road
Battersea Park
Queenstown Road
1
2
3
4
5
6
7
8
9
10
11
12
13
14
15
16
17
18
19
20
21
22
23
24
25
26
27
28
29
30
31
32

Zwischen den ausgedehnten, üppig grünen Weiten des Hyde Park im Norden und dem hell erleuchteten Chelsea Embankment im Süden liegen Londons wohl malerischste und am ursprünglichsten erhaltene Stadtteile: die Wohngegenden von Knightsbridge und Chelsea. Knightsbridge mit seinem Ruf als Shopping-Paradies der Superlative und Chelseas makellos weiße Reihenhäuser bilden ein Stück Stadtlandschaft, das man nicht anders als kultiviert nennen kann.

Der Inbegriff und die Verkörperung von Knightsbridge ist für die meisten Besucher das Kaufhaus Harrod's, das noch immer einen gewissen Ruf als Kaufhaus für Luxusartikel und Designerware großer Labels genießt. Einheimische aber schätzen das kleinere, ausgefallenere und hochgradig schicke Harvey Nichols am oberen Ende der Sloane Street. Es setzte sich in den 1990ern vor allem bei jungen Leuten durch. Im Gegensatz zur Atmosphäre einer grandiosen alten Landhausspeisekammer, die die Gourmet-Abteilung von Harrod's vermittelt, ist die Food Hall im Obergeschoss des Harvey Nichols schick und up to date.

Harrod's und Harvey Nichols spiegeln die Spannung zwischen Tradition und Moderne wider, die so vielen Teilen Londons ihre Ecken und Kanten verleiht. In Knightsbridge profitieren die kreativen Kräfte von der Nähe des Victoria and Albert Museum (S. 30), denn in kaum einem anderen Viertel gibt es derart viele Stoffläden und Innenarchitekten. Obwohl weite Teile des Viertels ihren traditionellen Charakter wahren, gibt es deutliche Anzeichen, dass sich die Zeiten wandeln. Eine neue Architekturgalerie des Victoria and Albert Museum präsentiert ein mutiges Programm und organisiert, gefördert von einem Team junger Kuratoren, aufregende Ausstellungen. Auch stößt die Globalisierung in das Reich der Innenarchitektur vor und gibt klassischen Linien moderne Impulse: Das Knightsbridge Hotel von Kit Kemp (S. 122) oder die Blue Bar von David Collins (S. 150) sind dafür großartige Beispiele.

Seit die King's Road in den 1970ern Furore gemacht hat, zeigen die Läden und Designer von Chelsea ihre entschieden englische Sicht der Mode und des letzten Schicks. In den Geschäften an der Sloane Street dominieren die üblichen internationalen Modelabels. Wer es ausgefallener mag, sollte die Boutiquen und abenteuerlicheren Designershops in der King's und Fulham Road besuchen. Halten Sie sich auch an die Nebenstraßen wie den Beauchamp Place (S. 38), die von Antiquitätenhändlern gesäumte Walton Street oder die Pont Street (S. 37). Sie fangen den Charme von Chelsea und die Essenz des klassischen – oder modern-traditionellen – englischen Designs intensiver ein als jeder andere Teil der Hauptstadt.

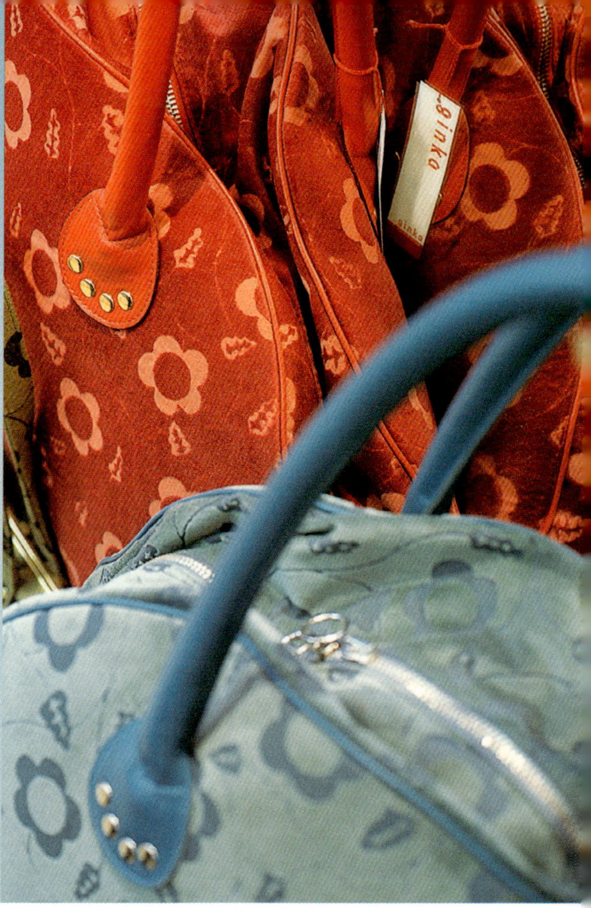

ENTZÜCKENDE GÄRTEN

1 Victoria and Albert Museum

Cromwell Road

Das weltgrößte Museum für angewandte und dekorative Kunst bedarf keiner großen Einführung. Vielleicht besichtigen Sie die Abteilung »Kleidung im Wandel der Zeit« im Modemuseum oder die Pracht der Asiatischen und Islamischen Kunstsammlung. Die British Galleries (Werke von 1500 bis 1900), sollte man sich schon wegen der Arbeiten von Chippendale, Morris, Mackintosh, Wedgwood und Liberty nicht entgehen lassen. Falls Sie zuvor in Lord Leightons Haus waren (S. 25), können Sie hier seine Fresken besichtigen. Wohin Ihre Tour Sie auch führt – der im Stil einer italienischen Piazza in einem Innenhof aus dem späten 19. Jh. angelegte Pirelli Garden ist ein Muss. In seiner Mitte plätschert ein Springbrunnen, im Sommer reicht man in einem Zeltpavillon Erfrischungen. Mittwochs können Besucher bis 22 Uhr durch Garten und Museum schlendern.

DRUCKFROH

2 Ginka

137 Fulham Road

Die Textildesignerin Neisha Crosland widmet sich einerseits dem Interior Design, das sie in Elystan Street ganz in der Nähe zeigt, andererseits farbenprächtigen, höchst originellen Mode- und Accessoire-Ideen, die sie in dieser Boutique vorstellt. Der kleine Laden hat ihr den nötigen Platz beschert, um jetzt zwei Kollektionen pro Jahr herauszubringen. Ihre Röcke, Oberteile, Jacken, Pullis und Schals bestechen durch klare grafische Motive in gekonnt gewählten, kontrastierenden Farben bzw. der Struktur von Stoffen. Sie wurden zu Neishas Markenzeichen. Handtaschen in allerlei Größen ergänzen die schwungvollen Kleider. Selbst Karten und Geschenkpapiere zeugen von ihrem Auge für Muster. Steht Ihnen der Sinn nach den einzigartigen Crosland-Drucken im größeren Maßstab oder nach Tapeten und Möbelstoffen, ist Elystan Road die angesagte Adresse.

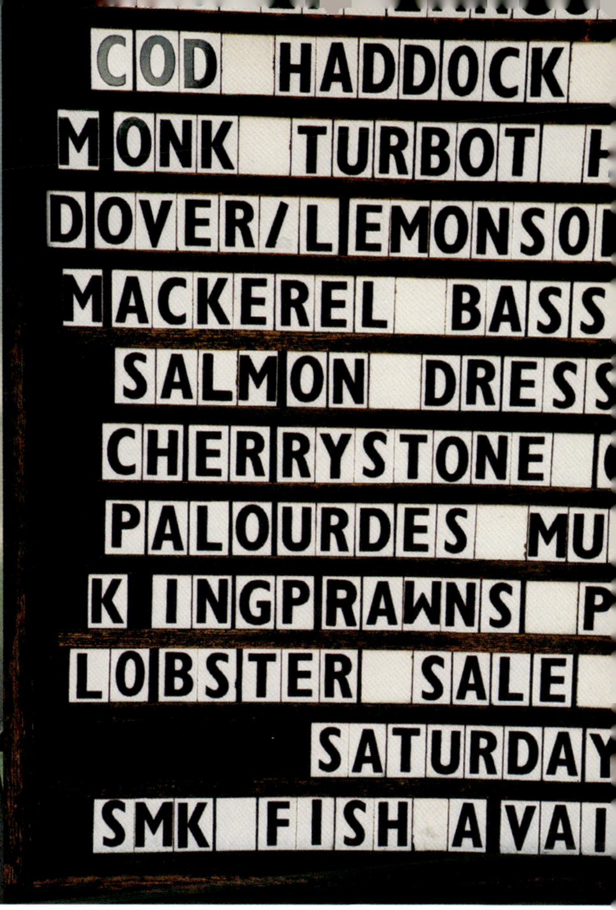

GALERIE IM GRÜNEN

3 Hyde Park Serpentine Gallery

Hyde Park ist der größte der königlichen Parks, und seine Grünflächen umschließen Ecken von ganz eigener Schönheit: einen englischen Rosengarten, romantische Skulpturen aus dem 19. Jh., einen Pavillon nach italienischer Art, den Lady Diana Memorial Park, einen der fantasievollsten Spielplätze Londons und natürlich Speaker's Corner, seit 1855 ein Magnet für Mitteilsame und neugierige Zuhörer. Auch die Serpentine Gallery liegt hier. Ohne die für so viele Museen typische Strenge präsentiert sie in der entspannten Umgebung eines ehemaligen Teehauses zeitgenössische Kunst auf Weltniveau. Fast jeden Sommer lädt sie einen angesehenen Architekten der Gegenwart ein, auf dem Rasen vor dem Museum einen Pavillon zu gestalten. In den letzten Jahren waren Entwürfe von Zaha Hadid, Daniel Libeskind und Tokyo Ito (oben im Bild) zu bewundern.

CHAMPAGNER UND AUSTERN AL FRESCO

4 Bibendum Oyster Bar

Michelin House, 81 Fulham Road

Seit er in den 1950ern seine Restaurantkette Soup Kitchens eröffnete, ist der Designer und Unternehmer Terence Conran eine einflussreiche Kraft in der britischen Gastroszene. Die Conran-Restaurants vereinen Design und Cuisine. Eines seiner frühen – und langlebigsten – Lokale findet man im Hauptsitz von Michelin Tyre, einem sehenswerten Gebäude des Art nouveau. Als Kontrast zum förmlicheren Restaurant Bibendum in der oberen Etage ist die Seafood-Bar mit Restaurant im Parterre betont unkonventionell. In einem patioähnlichen Ambiente neben einem Blumenstand wartet sie mit Austern, Kaviar und Meeresfrüchten auf.

ELEGANT DINIEREN

5 Tom Aikens

145

HERRLICH ALTMODISCH

6 Butler & Wilson

189 Fulham Road

Simon Wilson entwirft seit über 25 Jahren Schmuck. Bekannt sind die kleinen Ungeheuer »träge Eidechse«, »freundliche Spinne« und »schleichende Schlangen«. Aber es gibt auch zierliche Anhänger und Ohrgehänge in Pastelltönen. Diese Stücke liegen neben einer Palette an Vintage-Kostbarkeiten aus, zu der eine Kollektion mit altem schottischem Schmuck, Art-déco-Preziosen aus Silber, Halbedelsteine und Markasite gehören, aber auch viele Handtäschchen: perlenverziert, kastenförmig oder mit Reißverschluss. Mit seiner türkisen Fassade im Retro-Look springt der Laden zwischen all den Edelboutiquen auf der Fulham Road sofort ins Auge.

VERBLICHENE ELEGANZ

7 Anglesea Arms

154

HEMD UND KRAGEN

8 Emmett London

380 King's Road

Robert Emmett begann als Schneider. Doch bald schon störten ihn die Unzulänglichkeiten der Produkte von der Stange so sehr, dass er anfing, Hemden »für höchste Ansprüche zu schneidern«. Die Stoffe bezieht er von überall her in der Welt, nähen lässt er in Italien. Jede Saison stehen 400 Modelle zur Verfügung, bestechend durch Details wie kontrastierende Einsätze an Kragen und Manschetten. Von keinem werden mehr als 25 Stück gefertigt. Sie haben die Wahl: Hemden mit Einfach- oder Doppelmanschette, für die Freizeit in ungewöhnlichen Materialien oder Mustern – alle mit dem gewissen handgeschneiderten Etwas, ohne dabei zu sehr auffallen zu wollen. Emmett fertigt auch Pyjamas und Boxershorts. Eine Kollektion von Damenblusen ist in Vorbereitung.

SCHUHE FÜR DEN GROSSEN AUFTRITT

9 Manolo Blahník

163

HISTORISCHE REPRODUKTIONEN

10 William Yeoward Crystal

336 King's Road

Der britische Glasdesigner William Yeoward gründete sein Geschäft an Chelseas King's Road 1996 – mit der genialen Idee, Reproduktionen von englischem Kristall im georgianischen Stil des 18. Jhs. zu verkaufen oder auf Bestellung anzufertigen. Die Gläser, Krüge, Karaffen, Teller und Vasen werden mundgeblasen und nach historischen Vorlagen von Hand geschliffen. Bei der Reproduktion von Tischgeschirr ist Yeowards Herangehensweise erfrischend modern. Das purpurrot gestaltete Ladeninnere wirkt freundlich, ebenso wie die Preise, die bei wenig einschüchternden 25 Pfund für ein handgearbeitetes Weinglas anfangen. Im Haus Nr. 270 zeigt Yeoward seine edlen Einrichtungs-Accessoires.

SCHLUMMERN IN SATIN UND SEIDE

11 Couverture

310 King's Road

In den Details verriete sich ihre Handschrift eher als im großartigen Design, erklärt Emily Dyson, und genau das fällt im Couverture, dem 1999 eröffneten Geschäft für fein gestaltete Bettwäsche, sofort ins Auge. Dyson erkannte eine Marktlücke: Bettwäsche, so fein gearbeitet wie edle alte Stücke, aber in moderner Aufmachung präsentiert. Beim näheren Hinsehen entdeckt man in der Flut von dezenten Tönen und Weiß hier den Samtaufschlag am Saum eines Seidenpyjamas oder Schlafrocks und dort die mit Stickerei verzierten Nähte an Laken oder Kissen – exquisite Details, die ein besänftigendes, schlafförderndes Gefühl von Luxus vermitteln. Das Couverture führt außerdem eine von Dyson persönlich zusammengestellte Auswahl an Designerstücken.

WO DESIGNER SHOPPEN

12 Designers' Guild

267 und 277 King's Road

In ihrem Eldorado für lebendige und zeitgenössische Möbel und Stoffe in der King's Road führt die Designerin Tricia Guild, bekannt für ihre warmen mediterranen Farben, viel Interessantes und Schönes, von Möbeln bis hin zu Grußkarten. Jedes Objekt ist das Werk eines Designers oder Handwerkers, der namentlich genannt wird. Seit 1970 stellt Guild Arbeiten von einheimischen wie ausländischen Kunsthandwerkern zu einer Kollektion zusammen, die unter den großen Einrichtungsgeschäften eine echte Ausnahmeerscheinung ist. Sie ist erwiesenermaßen erfolgreich im Aufspüren von frischen Talenten und attraktiven Objekten. Beim Stöbern in der Vielfalt wunderbar bedruckter Tapeten, farbenfroh gewebter und bestickter Leinenstoffe, handgearbeiteter Keramiken, Glas und Accessoires könnte es leicht passieren, dass Sie massenproduzierten, in flachen Kartons verpackten Möbeln auf ewig abschwören.

WILLIAM
YEOWARD

EMMETT
LONDON

GARTEN FÜR SPEZIALISTEN

13 Chelsea Physic Garden

66 Royal Hospital Road

Dieser botanische Garten ist eine Besonderheit. Seit er 1673 als Apothekergarten angelegt wurde, um Lehrlinge das Erkennen von Pflanzen zu lehren, wachsen hier Heilpflanzen sowie viele seltene Arten. Die Lage am Fluss wählte man wegen des relativ milden Klimas, in dem auch nicht heimische Gewächse gedeihen. Hier entstand 1681 das erste Treibhaus in England. Obwohl der Physic Garden etwas entfernt von den Touristenattraktionen liegt, lohnt sich ein Abstecher – vor allem, wenn man ihn mit einem Spaziergang am Chelsea Embankment oder zum nahen, von Christopher Wren 1692 entworfenen Chelsea Royal Hospital verbindet.

STERN VON INDIEN

14 Rasoi Vineet Bhatia

143

SCHÖNHEIT IM DETAIL

15 V. V. Rouleaux

54 Sloane Square, Cliveden Place

»Ein Paradies der Passementerie«, so beschreibt Annabel Lewis ihr atemberaubendes Sortiment an edlen Bändern, Troddeln und Perlen. V. V. Rouleaux ist die Adresse für Besätze für Kleider, Möbel und alles andere, was durch einen Farbtupfer aufgepeppt werden kann. Spulen über Spulen mit auffallenden Kreppseiden, Organdy und Seidenbändern, ganz zu schweigen von unwiderstehlichen Blumen, Litzen und anderen Ornamenten – eine Fundgrube von unschätzbarem Wert.

SILBERPRINZ

16 David Mellor

174

DER ETWAS ANDERE DUFT

17 Jo Malone

150 Sloane Street

2004 feierte Jo Malone ihr zehntes Jubiläum als Großbritanniens Topadresse individualisierter Hautpflege. Auch wenn ihre Marke längst über die Landesgrenzen hinaus geschätzt wird, ihre Produkte richten sich noch immer nach den Bedürfnissen des Einzelnen. Malone ermutigt zum Kombinieren: Alle 15 Düfte ihrer Serie kann man zu einer ganz persönlichen Note zusammenstellen und in einer der Duftkabinen ausprobieren.

C3a RED CHECK PJS
C7b STRIPED PJS
C7a LAWN PJS

DIREKT VOM LAUFSTEG

18 Boyd

42 Elizabeth Street

Die Designerin Tracey Boyd hat mit bunten, eng anliegenden Gewändern neuen Glanz auf die Laufstege gebracht. Ihre Kollektion aus femininen Druckstoffen, Leinen, Jeansstoff und Cordsamt zeigt in der Elizabeth Street, der Straße exklusiver Boutiquen und Cafés, cool ein modebewusstes Gesicht. Die zunehmend beliebte, vintageinspirierte Linie hat sich eine Reihe berühmter Fans erobert, darunter Liv Tyler und Kate Winslet.

TOP-HÜTE

19 Philip Treacy

171

GEFÄHRLICHE LIEBSCHAFTEN

20 Cadogan London

116

GLAMOURÖSE TASCHEN

21 Lulu Guinness

3 Ellis Street

Ihre Taschen haben die Seiten von *Vogue, Cosmopolitan* und *Elle* illustriert, sie haben die Arme von Madonna, Björk und Elizabeth Hurley geschmückt. Aber Lulu Guinness ist kein Mode-Handlanger. Man mag ihre Kreationen schrullig, naiv oder cartoonartig nennen, aber die Blumendrucke, »House«-Designs oder »Blumentopf-Taschen« aus Wolle, Satin, Samt oder Seide erkennt man auf den ersten Blick wieder. Falls einige Kreationen Sie an Pariser Modezeichnungen aus den 1950ern erinnern, dann ist das nur ein Beispiel für den Glamour alten Stils, von dem Guinness sich inspirieren lässt.

EINSCHÜCHTERND SCHÖN

22 Georgina von Etzdorf

4 Ellis Street

Die in London ausgebildete Peruanerin schwelgt in lustvoller Liebe zu Farben und Stoffen. Die Schöpferin luxuriöser Schals und femininer Accessoires hat sich Anfang der 1980er mit verführerischen Kombinationen schweren Samts, anschmiegsamer Seide und hauchzarter Chiffons in opulenten Farben einen Namen gemacht. Auch wenn ihre Kreationen weltweit erhältlich sind, die Boutique in London ist der einzige Ort, wo man in Georgina von Etzdorfs Kostbarkeiten förmlich versinken kann.

MODE FÜR FRAUEN UND KINDER

23 Pont Street

- Elspeth Gibson, Nr. 7
- Liza Bruce, Nr. 9
- Rachel Riley, Nr. 14

In Pont Street, einer Seitenstraße der belebten Sloane Street, drängen sich in einer kurzen Ladenzeile kreative Designertalente. In ihrer nur nach vorheriger Anmeldung geöffneten Boutique konzentriert sich Elspeth Gibson auf reizvolle, duftig-romantische Kreationen, die auch mal etwas kürzer ausfallen. Die weichen Farbtöne erzielt sie, indem sie handgefärbte Stoffe verwendet. Berühmt wurde ihre Nachbarin Liza Bruce mit Bademoden; ihre Kleider bestechen durch lockere, schmeichelnde Formen. Der Laden führt außerdem die modernen Möbel ihres Ehemannes Nicholas Alis Vega. Rachel Riley hat sich der Kinderkleidung traditionellen Stils verschrieben. Für ihre niedlichen, von Hand geschneiderten Stücke verarbeitet sie Stoffe, die sie in ihrem Atelier in Frankreich selbst entwirft. Riley designt aber auch schicke Mode für Frauen.

WICHTIGE ACCESSOIRES

24 Anya Hindmarch

15–17 Pont Street

Anya Hindmarch fand ihre Modenische bereits mit 19 Jahren, als sie die Begeisterung italienischer Frauen für schlichte Einkaufsbeutel erkannte. Ihre Stücke sind farbenfroh, witzig und qualitätvoll gefertigt. Die Fotodrucke von Strandszenen, die wie Sammlerpostkarten wirken, und Pop-Art-Taschen aus Perlenmosaiken sind heute Klassiker. Für ihre erste Schuhkollektion 2002 entwarf sie grüne Pumps – passend zu einer Tasche mit dem täuschend echten Etikett »Rose's Lime Juice«.

ENGLISCHES UNDERSTATEMENT

25 Eleven Cadogan Gardens

124

AUFGEPUTZT

26 Gina

189 Sloane Street

Leinwandidol Gina Lollobrigida war die Inspiration für die sexy Schuhlinie, die in den 1950ern entstand. Kristallstrass, hauchfeine Lacklederriemchen, 10-Zentimeter-Absatz oder flache Sandale, Schnallen und Ziegenleder – Ginas aufreizend femininer Stil hat das gewisse Etwas an Glamour, das Modefans lieben.

LUXUS-STRASSE

27 Beauchamp Place

- Janet Reger, Nr. 2
- Map House, Nr. 54
- Townhouse, Nr. 31

Eine Straße des reinen Luxus: Die Dessous-Legende Janet Reger, die seit den 1960ern die intimen Details für das verführerische Auftreten von Joan Collins, Nicole Kidman oder Madonna liefert, lockt auf Nr. 2. Ein wenig überraschend inmitten all der Couture ist das Map House – seit fast 100 Jahren eine gute Quelle für alte Landkarten, Globen und Stiche. Das Townhouse, ein schickes und exklusives Restaurant mit Bar, lädt zu Martini mit Zitronengras und Chili auf Ledersofas ein.

EIN HÖCHST LUXURIÖSES B&B

28 Knightsbridge Hotel

122

EIN AUGE FÜR MODE

29 Cutler & Gross

Knightsbridge Green, Nr. 7 und Nr. 16

Die Optiker Graham Cutler und Tony Gross wandelten vor 30 Jahren die Brille von der Notwendigkeit zum Modestatement – inspiriert von »der Liebe der Briten zum Nonkonformismus«. Ihre weltberühmten Kreationen gibt es in den 1969 von Piers Gough gestalteten Originalgeschäftsräumen. Die Filiale verkauft Vintage-Modelle von C&G und Klassiker internationaler Designer.

HANDGEARBEITETE SCHLICHTHEIT

30 Egg

36 Kinnerton Street

Maureen Doherty und Asha Sarabhai entwerfen Mode in einem für Jung und Alt tragbaren Stil, aus reinen Naturstoffen und stets bequem und praktisch. Die Kleider werden in Indien luxuriös gefertigt und greifen auf alte Web- und Sticktechniken zurück. In dem einstigen Milchgeschäft sind auch Werkschauen zumeist britischer zeitgenössischer Kunsthandwerker zu sehen.

SZENESCHICK

31 Blue Bar

150

SCHICKE COCKTAILS

32 Isola

155

egg

Egypt
North Africa

Mayfair
Soho
Covent Garden

BLOOMSBURY
MARYLEBONE
HOLBORN
MAYFAIR
SOHO
COVENT GARDEN
WESTMINSTER
LAMBETH
BELGRAVIA
MARBLE ARCH
BOND STREET
OXFORD CIRCUS
TOTTENHAM COURT ROAD
HOLBORN
TEMPLE
LEICESTER SQUARE
COVENT GARDEN
PICCADILLY CIRCUS
GREEN PARK
CHARING CROSS
EMBANKMENT
WESTMINSTER
ST JAMES'S PARK
HYDE PARK CORNER
VICTORIA
PIMLICO
VAUXHALL
Oxford Street
New Oxford Street
St Giles High Street
High Holborn
Kingsway
Aldwych
Drury Lane
Great Queen Street
Endell Street
Shorts Gardens
Earlham Street
Monmouth St
Long Acre
Floral Street
Maiden Lane
Strand
Lancaster Pl.
Waterloo Bridge
Victoria Embankment
Savoy Place
J. Adam St
Villiers Street
Northumberland Ave
Charing Cross Road
St Martin's Lane
Shaftesbury Avenue
Old Compton Street
Greek St
Frith Street
Dean Street
Wardour Street
Berwick St
Broadwick Street
Great Marlborough Street
Newburgh St
Carnaby Street
Beak Street
Brewer Street
Regent Street
Conduit Street
Savile Row
New Bond Street
Old Bond Street
Albemarle Street
Bruton St
Berkeley Street
South Molton St
Brook Street
Grosvenor Street
Upper Brook Street
Upper Grosvenor Street
Mount Row
Mount Street
Park Street
N. Audley St
Duke Street
South Audley Street
Curzon Street
Park Lane
Piccadilly
Jermyn Street
St James's Street
Haymarket
Regent St
Pall Mall
The Mall
Horse Guard's Road
Whitehall
Parliament Street
Westminster Bridge
Constitution Hill
Birdcage Walk
Buckingham Gate
Grosvenor Place
Lower Grosvenor Pl
Bressenden Pl.
Victoria Street
Artillery Row
Rochester Row
Horseferry Road
Regency Street
Great Smith Street
Marsham St
Marsham Street
Millbank
Lambeth Br.
John Islip Street
Atterbury St
Vauxhall Bridge Road
Vauxhall Bridge
Soho Square
Hanover Square
Grosvenor Square
Berkeley Square
Golden Square
Piccadilly Circus
Royal Academy
Leicester Square
National Gallery
Trafalgar Square
St James's Square
St James's Palace
Royal Opera House
Somerset House
Hyde Park
Hyde Park Corner
Green Park
St James's Park
Buckingham Palace Gardens
Buckingham Palace
The Royal Mews
Parliament Square
Houses of Parliament
Westminster Abbey
Tate Britain
1 Kilometer
1
2
3
4
5
6
7
8
9
10
11
12
13
14
15
16
17
18
19
20
21
22
23
24
25
26
27
28
29
30
31
32
33
34
35
36
37
38
39
40
41
42
43
44
45
46
47
48
49
50
51
52
53
54
55

Unausweichlich – und eher unerklärlicherweise – zieht es London-Besucher an den Leicester Square, zum Piccadilly Circus, in die Regent Street und zur Covent Garden Piazza. Für viele sind diese Orte der Inbegriff der energiegeladenen, aufregenden Metropole. Allerdings geht mit den Touristenmassen, den Neonreklamen und viel geschmacklosem Prunk das lokale Kolorit fast völlig verloren, die einstige Größe der Londoner Ikonen verschwindet in der Monokultur der Globalisierung. Lassen Sie diese Touristenmagneten hinter sich und Sie finden sich wieder im Herzen des West End – aufregend, schick, lebendig und in ständiger Veränderung begriffen.

Westlich von John Nashs wunderbar vornehmem Boulevard im Regency-Stil, der Regent Street, konzentrieren sich in Mayfair anspruchsvolles Design, Mode, Kunst und Kommerz. Die Oase zwischen Piccadilly und Oxford Street ist der Inbegriff des exklusiven Londons. Zentrale Achse des Viertels ist die Bond Street mit ihrer Mischung aus internationalen Fashion-Labels, alteingesessenen Geschäften und Galerien. Viele der Läden, Auktionshäuser und Galerien bedienen die kleine, aber feine Gruppe der Reichen und Schönen. Wenn Sie eine Extravaganz eingeplant haben, hier ist der Ort dafür. Der Schaufensterbummel allein ist den Ausflug wert.

Auf der Ostseite der Regent Street gelangt man in eine ganz und gar andere Welt: Soho ist aufgedonnert und schäbig, kreativ und degeneriert, hip und überholt. Ständige Erinnerung daran, wie schnell sich Zeiten und Moden ändern, ist die einst so angesagte Carnaby Street, die ihre Coolness und Einzigartigkeit eingebüßt hat (im Gegensatz zur parallel verlaufenden Newburgh Street, S. 51). Tagsüber lässt die hohe Dichte an Medienleuten und Kreativen Soho vor Energie prickeln. Neue Fußgängerzonen machen das Bummeln angenehmer. Auch wenn Londons hippe Nightlife-Szene abwandert – ostwärts, nach Hoxton und Shoreditch, sprüht Soho vor Lebenslust. Laut Kevin Spacey, dem neuen Regisseur am Old Vic Theatre (S. 105), »verwandelt es sich häufiger als ein schizophrener Charakterschauspieler in einem Einpersonenstück«.

Seit seiner Sanierung in den 1970ern, als man den alten Gemüsemarkt in den Londoner Süden verlegte, ist Covent Garden das Ziel einer hauptsächlich jungen Szene, die es in die Bars und die Designerboutiquen zieht. Mit der Renovierung und Erweiterung des Royal Opera House hat hier ein reiferes, kulturell interessiertes Publikum Einzug gehalten. Seine gehobenen gastronomischen Ansprüche zeigen erste Auswirkungen. Die von Inigo Jones 1635 im Palladio-Stil gestaltete Piazza ist das Herz des Viertels und ein Mekka für Touristen, aber die Seitenstraßen und Gassen haben noch weitaus mehr zu bieten – man muss nur wissen, wo.

PFLEGE FÜR DEN HERRN

1 Geo F. Trumper

9 Curzon Street

Die Gewohnheiten und Moden rund um die Haare der Herren mögen sich in den letzten hundert Jahren gewandelt haben –Trumpers engagierter und professioneller Dienst am Kunden ist der gleiche geblieben. In den historischen Räumen, in denen man seit 1875 den Londoner Gentleman stilvoll verwöhnt, wird jeglicher Service geboten – vom Haarschnitt über Gesichtspflege bis hin zur Pediküre –, und eine Rasierschule lehrt die besten Methoden für die Rasur daheim. Im vorderen Teil des Geschäfts glänzt die hauseigene Toilettenartikelserie, in den hinteren Räumen bieten Profis in Schlips und Weste umfassende »Behandlung« an – auch die unverändert beliebte Nassrasur mit offener Klinge.

FLEISCH VOM FEINSTEN

2 The Grill Room at The Dorchester

136

FRIEDLICHE ATEMPAUSE

3 St George's Gardens

Mount Street

Dieser wunderbar ruhige, umfriedete Garten wurde im späten 19. Jh. als öffentlicher Park angelegt. Umgeben von prächtigen Häusern im Queen-Anne-Stil, ruht er im Schatten riesiger Platanen. Schon die diskreten Tore aus Schmiedeeisen in der Nähe des Carlos Place verraten, dass der Park ein kaum besuchter Ort ist, wo man auf einer Holzbank entspannen kann. In der südöstlichen Ecke steht die auch als Farm Street Church bekannte Church of Immaculate Conception (1849). Ihr Hochaltar wurde von Pugin, dem Architekten der Houses of Parliament, entworfen.

DAS RUNDUM-WARENHAUS

4 Selfridges

166

BRITISCHE MODE IM FOKUS

5 Browns + Browns Focus

23–27 und 38–39 South Molton Street

Es gibt in London viele Shops für Designermode, aber nur wenige haben das Prestige, das sich Browns in drei Jahrzehnten erarbeitet hat. Seit Joan Burstein und ihr Mann Sidney die Boutique 1970 gründeten, wird ihr Name in der Londoner Fashionszene als Qualitätssiegel gehandelt. Browns führt bekannte Designer aus aller Welt, bei Browns Focus aber offenbart sich Bursteins Instinkt für junge Innovative. Das verrät nicht zuletzt die Neugestaltung des Ladens durch einen der gefragtesten Architekten Großbritanniens, David Adjaye. Fake London, Frost French, Hussein Chalayan und Maharishi sind nur einige der Shootingstars, die dort zu sehen sind.

KUNST-HANDWERK

6 Liberty

214–220 Regent Street

Arthur Liberty eröffnete seinen Laden in der Regent Street 1875. Schon bald war das Gebäude im Pseudo-Tudor-Stil eines der mondänsten Geschäfte Londons und zog eine so kunstsinnige Klientel wie die Präraffaeliten Edward Burne Jones und Dante Rossetti an. Liberty pflegt seine lange Beziehung zum Kunsthandwerk (es hat noch immer eine Partnerschaft mit Moorcroft), indem es Jugendstilkünstler ebenso wie Kunsthandwerker Objekte im berühmten »Liberty«-Stil kreieren lässt. Das Parterre des Tudor Shop füllt die schwelgerische Pracht der Scarf Hall, wo Sie Liberty-Dessins wie das Straußenfeder-Muster, aber auch Stücke bekannter und aufstrebender Designer finden. Im Souterrain locken das stattliche Aufgebot an Liberty-typischen handgearbeiteten Stücken und das schicke Restaurant Arthur's.

ELEGANTE KLEIDUNG NEU ERFUNDEN

7 Savile Row

165

MASSGESCHNEIDERTE MEISTERSCHAFT

8 Ozwald Boateng

166

DESIGN AUF BESTELLUNG

9 Oki-Ni

169

INBEGRIFF DES STYLE

10 Sketch

140

IN LOVING MEMORY OF JOE BLEICH
(1910 – 1990)
AN AMERICAN WHO COULD NOT FIND
A PARK LIKE THIS IN NEW YORK CITY

Browns

Please
keep off
the grass

MATTHEW WILLIAMSON

Asprey

RESTAURA

DIE FARBE LILA

11 Asprey

167 New Bond Street

»Britische Luxusartikel seit 1781« lautet der Slogan der Firma, die bis heute wachsende Erfolge verzeichnet. Asprey eröffnete 2004 ein elegantes Kaufhaus unter der Leitung des neuen Chefdesigners Hussein Chalayan und bewies damit das Ziel des Konzerns, hochwertige Artikel für einen anspruchsvollen Kundenkreis anzubieten. Konzipiert wurde der Komplex von Architekt Sir Norman Foster, das Interieur entwarf der Innenarchitekt David Mlinaric. Fosters großes gläsernes Atrium führt in ein Einkaufsdorado, das aus fünf Stadthäusern des 18. Jhs. entstand. Hier präsentiert man Aspreys eigene Kollektionen, Designerkonfektion, Schuhe, Modeaccessoires, Silber- und Lederwaren und die Asprey-Schmuckkollektion stilvoll im Silberzimmer, das ein restaurierter Kamin aus dem 18. Jh. schmückt.

MEISTERSTÜCK DES ART DÉCO

12 Claridge's

55 Brook Street

Mit Starkoch Gordon Ramsay entfachte das Restaurant des ehrwürdigen Fünfsternehotels in der Welt der Haute Cuisine wahre Begeisterungsstürme, denn das Ensemble von exzellenter Nouvelle Cuisine, makellosem Service und schwelgerischem Art-déco-Ambiente ist kaum zu überbieten. Oft ist das Lokal Wochen im Voraus ausgebucht, dann tröstet Sie vielleicht ein Cocktail an der wunderschönen Déco-Bar, die Galeristen und Auktionäre belagern. Und nicht nur nach dem Dinner ziehen sich Zigarrenfreunde in das Fumoir zurück.

KLASSISCH JAPANISCH

13 Umu

132

ALT UND ZUVERLÄSSIG

14 The Guinea

30 Bruton Place

Bruton Place ist eine kuriose Gasse abseits des wohlhabenden Berkeley Square, und das zwischen den alten Kutschhäusern versteckte Guinea erinnert an eine Zeit, als hier kaum Häuser standen. Das auf das 15. Jh. zurückgehende Pub wurde um ein modernes Restaurant erweitert, das für seine Grillgerichte berühmt ist. Die atmospharische Bar ist bei den ambitionierten Gästen aus der Nachbarschaft wie bei reichen Müßiggängern beliebt für die Biere von Young, Steak- und Nierenpasteten und feines Rindfleisch. Wenn Ihnen die schillernde Modernität von Mayfair zu viel wird, ist das Guinea eine willkommene altmodische Zuflucht, die hohen Ansprüchen dennoch genügt.

KUNST AM SCHUH

15 Rupert Sanderson

33 Bruton Place

Groß sind sie, die Wellen, die dieser Mann leise in der Welt der Mode schlägt. Ein Mann, über den *Vogue* schreibt, er sei »seiner Generation Jahre voraus«. Nach der Ausbildung auf dem Cordwainers College und einer Lehre bei John Lobb (S. 132) fuhr Rupert Sanderson auf dem Motorrad durch Italien und von einer Schuhfabrik zur anderen. Für Sergio Rossi und Bruno Magli entwarf er Kollektionen. Seine schlichten Modelle mit reichlich Sex-Appeal findet man zwar weltweit, der markeneigene Store aber eröffnete erst im Oktober 2004. Sanderson will Kunst und Mode vereinen. Um seinen Räumen die Qualität einer Kunstgalerie zu verleihen, ließ er sie von den Design- und Wiederverwertungsspezialisten Retrouvius ausstatten, deren Stücke er auch verkauft. Im Mittelpunkt jedoch stehen seine Schuhe, Objekte »hoher Handwerkskunst«, wie er sie selbst nennt.

SCHILLERNDE PERSÖNLICHKEIT

16 Matthew Williamson

28 Bruton Street

Sein Laden liegt fast Tür an Tür mit dem der Designerkollegin und Landsmännin Stella McCartney, inhaltlich und stilistisch aber trennen sie Welten. Ein Transparent in Pink schmückt die Fassade von Williamsons 2004 eröffneter Boutique, und leuchtende Farben setzen auf Weiß auch im Inneren Akzente. Seit der Brite 1997 mit der Kollektion »Electric Angels« aus diagonal geschnittenen Kleidern und Einzelteilen in Orange, tiefem Rot und Fuchsie debütierte, ist er berühmt für schwungvolle, sexy Kreationen in kühnen Farbtönen. Zu seinen prominenten Fans zählen Madonna, Sarah Jessica Parker, Gwyneth Paltrow und Kate Moss. Die Boutique führt Einzelteile aus Williamsons Konfektion und Produkte seiner Lifestyle-Linien, Kerzen etwa, das mit Lyn Harris (S. 23) entworfene Parfüm »Incense« und demnächst auch einen hauseigenen Duft.

MODE MIT STARQUALITÄT

17 Stella McCartney

172

DAS NEUESTE AUS HAVANNA

18 J. J. Fox & Robert Lewis

19 St James's Street

Die Fusion von J. J. Fox und Robert Lewis war eine Hochzeit historischer Tabakhäuser. Christopher Lewis gründete sein Geschäft 1787, und die ersten importierten Havannas verkaufte seine Firma 1830. James John Fox begann als Tabakhändler in den 1870ern in Dublin. Das Unternehmen ist bis heute Hoflieferant. 1997 lancierte es eine eigene Zigarrenmarke – aus 100 Prozent reinem Tabak aus der Dominikanischen Republik. Abgesehen von dem Vergnügen, in W. Churchills Lieblingsstuhl eine Zigarre zu paffen, haben Aficionados Gelegenheit, im Fox Museum (im Erdgeschoss des Ladens) durch 200 Jahre Zigarrengeschichte zu reisen.

WIEN LÄSST GRÜSSEN

19 The Wolseley

136

HÖCHST VIKTORIANISCH

20 The Arcades

- Burlington Arcade, Burlington Gardens
- Royal Arcade, 28 Old Bond Street
- Princes Arcade und Piccadilly Arcade, Jermyn Street

Anfang des 19. Jhs. entstanden im Zentrum von London zahlreiche Passagen. Die längste und berühmteste unter ihnen ist Burlington Arcade (1819), in der heute 70 erstklassige Boutiquen Mode, Lederwaren und Schmuck anbieten. Highlight der kleineren Royal Arcade ist ein von Martí Guixi gestalteter Camping-Shop. Princes und Piccadilly Arcade hingegen führen Kleidung und Accessoires für den Herrn.

SCHOCK-EFFEKT

21 Alexander McQueen

173

MIT LINKS

22 Anything Left-Handed

57 Brewer Street

Seit knapp 20 Jahren führt das Ehepaar Lauren und Keith Milsom den winzigen Laden. Beide Linkshänder, verkaufen sie alles, was ihnen den Alltag erleichtert: die berühmte Linkshänderschere, Gartengerät und Küchenutensilien, Wand- und Armbanduhren, die sich gegen den Uhrzeigersinn drehen. Dies ist eine so herrlich schräge wie unschätzbare Quelle für Praktisches und Geschenke. Das meiste darf man sogar testen.

HERRENSCHUHE DER SUPERLATIVE

23 John Lobb

162

EINE STRASSE VOLLER HEMDEN

24 Jermyn Street

167

EIN ELEKTRISIERENDES ERLEBNIS

25 Faraday Museum

21 Albemarle Street

Michael Faraday (1791–1867) war einer der berühmtesten Wissenschaftler seiner Zeit. Erfindungen wie Elektromotor, Transformator oder Generator haben das moderne Leben entscheidend geprägt. Bedeutende Entdeckungen machte Faraday an der Royal Institution, wo er von 1813 bis wenige Jahre vor seinem Tod arbeitete. Heute würdigt das Institut sein Schaffen mit einer Rekonstruktion seines Labors und einer Sammlung mit Originalversuchsaufbauten zur elektromagnetischen Rotation und Induktion, die allen Strom erzeugenden Anlagen zugrunde liegen, sowie einer faszinierenden Ausstellung von wissenschaftlichen Instrumenten.

HÖCHSTE TEEKULTUR

26 The Drawing Room

140

FÜRSTLICH

27 Wiltons

137

MEERESFRÜCHTE VOM FEINSTEN

28 J. Sheekey

28–32 St. Martin's Court

In den von Touristen überlaufenen Straßen von Covent Garden mutet J. Sheekey wie ein Wunder an: Es verbindet noble Abstammung – geleitet wird es von den Gründern der Gourmetlokale Le Caprice und Ivy – mit jener puristischen Haltung, die Qualität über Dekor stellt. Dennoch haftet dem Restaurant ein Hauch von glamourösem Understatement an, denn zur illustren Klientel zählen Theaterproduzenten, Regisseure und Schauspieler. Wichtiger jedoch ist, dass Sie hier den wohl frischesten Fisch in Central London bekommen. Ob Kaviar, Hummer oder Jakobsmuscheln, Fischpastete oder Fish 'n' Chips, Sie werden nie enttäuscht sein.

TEE MIT AUSSICHT

29 The Portrait Restaurant

148

EINE FLASCHE WHISKY, BITTE

30 The Vintage House

42 Old Compton Street

Die ausgebleichte blaue Markise des Vintage House wirft ihren Schatten auf einen legendären Shop: Seine Maltwhiskys sind Kennern eine Wallfahrt wert. In den Regalen teilen sich Weine, Liköre und Zigarren den Platz mit wahren Kostbarkeiten: Malts jeglichen Alters und jeglicher Provenienz, Spezialabfüllungen und Sammlerkaraffen. Ihnen erscheint der Transport im Gepäck zu riskant? Genießen Sie ihn doch einfach vorher.

DIM SUM MIT EDLEM DRUMHERUM

31 Yauatcha

141

STREETSTYLE-MEILE

32 Newburgh Street/Soho West

- Jess James, Nr. 3
- Carhartt, Nr. 13
- The Dispensary, Nr. 9 und 15
- Cinch, Nr. 5

Parallel zur Carnaby Street mit ihrem verblassenden Kultstatus liegt die Newburgh Street. Hier ballen sich Boutiquen mit brandheißer Streetfashion. Carhartt (für Herren) verrät, was morgen angesagt sein wird. Dispensary führt diverse straßenschicke Designerlabels. Gegenüber verkauft Jess James Schmuck von Avantgardedesignern. Cinch, von dem niederländischen Designerkollektiv Droog im High-Tech-Look durchgestylt, ist das Aushängeschild der Kollektion Levi's Red.

MAGHREBINISCHE HERRLICHKEITEN

33 Momo

133

VIVE LA FRANCE!

34 The French House

49 Dean Street

Die kleine Bar ist in Soho ein Dauerbrenner. Obwohl man das Bier nur in halben Pints ausschenkt und stattdessen zum Weingenuss ermutigt, ist gegen Ende der Woche abends oft so viel los, dass man kaum die Ellbogen rühren kann. Es heißt, dass sich hier Londons Mitglieder der französischen Résistance trafen, und zwischen all den Traditions-Pubs und Trend-Cafés, verströmt das French House eine Aura eigensinnigen Stolzes – wie das Land, das ihm den Namen gab. Schon in einem der tausendfach benutzten Weingläser liegt mehr Charakter als in den meisten neuen Lokalen zusammen. Das Restaurant im 1. Stock ist gemütlich und originell.

DINNER IM STADTHAUS

35 Lindsay House

135

KUNST UND MODE

36 The Pineal Eye

49 Broadwick Street

Der Name erinnert an das augenähnliche Gebilde, mit dem einige Echsen Lichtveränderungen wahrnehmen. Ähnlich reagiert der von Yuko Yabiku 1998 eröffnete Shop auf neue Talente. Weil er den letzten Modeschrei mit Avantgardekunst kombiniert, transformiert er sich mit jeder Neuentdeckung. So veränderlich der Laden auch wirkt – Pineal Eye ist eine zuverlässige Quelle für britische und internationale junge Künstler. Kunst- und Modeausstellungen ergänzen die von Yabiku handverlesenen Kollektionen der neuen Designerkometen am Modehimmel. Das kunstvolle Interieur und die einzigartige Auswahl an Werken geben aufschlussreichen Einblick in das Herz der schrilleren Fashionszene.

LONDONER STIL VIA JAPAN

37 Designworks

42–44 Broadwick Street

Wer wäre besser geeignet, klassisch britische Mode neu zu erfinden und ihr straßentauglichen Pfiff zu verleihen, als ein japanisches Unternehmen, das sich dem »New Brit-Style« verschrieben hat? Angesichts der vielen japanischen Modeschöpfer, die Londons Fashionszene erobern, und der bekannten Vorliebe der Briten für englische Traditionsprodukte verwundert es nicht, dass sich ein Unternehmen wie Abahouse auf Neuentwürfe britischer Bestseller konzentriert. Cordjacke, Kutschermantel und Mackintosh – hier feiern sie ihre Wiederauferstehung, mit verbesserter Linienführung, raffinierten Details und edlen Stoffen. Letztes Jahr zog die Designlinie gen Westen, ließ sich von Amerikas Pionieren inspirieren und kombiniert nun Rustikales mit Elegantem. Mit Stars wie Jude Law und Ewan McGregor als Stammkunden ist Designworks damit auf dem besten Wege, eigene Trends zu schaffen.

EIN KLASSIKER KEHRT ZURÜCK

38 The Red Fort

142

LITERATENNEST

39 Hazlitt's

114

KLEIN, ABER FEIN

40 West Street

126

JAZZ-MEKKA

41 Ronnie Scott's

47 Frith Street

London hat nicht wenige Jazz-Locations, aber Ronnie Scott's im Herzen von Sohos lebhaftem Nachtleben wartet mit den größten internationalen Talenten auf. Mit Partner Pete King eröffnete Scott, selbst Saxophonist, 1959 seinen ersten Club, 1981 würdigte die Queen seine »Verdienste um den Jazz«. Über die Jahre hat der Club die Allerbesten erlebt: Zoot Sims, Stan Getz, Ben Webster, Bill Evans, um nur ein paar zu nennen. Scott ist nicht nur in London ein Synonym für Jazz, und seine Club-Legende in Frith Street pflegt das Szene-Ambiente: Cocktailtischchen, Dämmerlicht und leises Flüstern – aus Respekt vor den Meistern auf der Bühne.

ÜBERWÄLTIGENDE VINTAGE-AUSWAHL

42 Rokit

42 Shelton Street

1982 begann Rokit in Camdens buntem Bohemeszenario. Die wachsende Nachfrage nach Vintage-Mode bei Kunden, die gepflegte Geschäfte vorziehen und Fashion lieber gebügelt kaufen, als sie zerdrückt aus Bündeln zu ziehen, verhalf Rokit schließlich zum Durchbruch. Dank neuer Filialen in Brick Lane und in Brighton und der Modestylisten angesagter Gazetten wie *iD*, *Dazed* oder *Confused* und der Zeitung *Sun*, die die Regale für Fotoshootings plündern, ist Rokit jetzt so weit, ein eigenes Label zu lancieren. Nach wie vor aber gibt es Vintage-Kleider für den Abschlussball, Hemden im Hawaiilook oder aus Gabardine aus den 1950ern zu entdecken, daneben Klassiker aus Armeebeständen oder fast neue Jeans – frisch gebügelt und zu Preisen, die realer sind, als Sie vielleicht annehmen.

POESIE ZUM LUNCH

43 Poetry Café

22 Betterton Street

Es sind nicht nur die auf Pergamentlampenschirme gekritzelten Verse, die in dem Café der London Poetry Society Poesie verbreiten. Bei Tag ist es ein angenehmes, schlichtes Refugium abseits der Horden, die sich in Covent Garden durch die Fußgängerzonen wälzen. Die vegetarische Küche ist leicht und günstig, Kaffee und Tee gibt es reichlich, und die Bar ist gut sortiert. Abends trifft man sich zu Lesungen, Workshops und Musik; dienstags steht die Bühne selbst ernannten Dichtern offen, samstagabends unterhalten Gedichte und Jazz.

FEST FÜR LEIB UND OHR

44 Amphitheatre Café and Restaurants

Royal Opera House, Covent Garden

Im Zuge der allseits gelobten Umgestaltung des Royal Opera House 1997–1999 wurden seine Einrichtungen erweitert und modernisiert. Vor allem aber integrierte man das Gebäude in die Covent Garden Piazza. Das Zentrum des Komplexes bildet ein hoch aufragendes Glasgewölbe, das Atrium, in dem Bars und Restaurants dem international gefeierten Programm des Hauses einen glanzvollen Rahmen geben. Einige renovierte Räume des ursprünglichen Gebäudes von 1858 sind ein besonders prachtvolles Erlebnis: die Vilar Floral Hall Balconies, die das restaurierte Foyer überblicken (traditionelle englische Küche), und der neoklassizistische, mit rotem Teppich ausgelegte Crush Room (kalte Speisen). Von Montag bis Samstag öffnen mittags das Amphitheatre Restaurant mit zeitgenössisch minimalistischem Interieur und das dazugehörige Café auf der obersten Etage des Atriums ihre Pforten für die Öffentlichkeit und servieren leichte Mahlzeiten. Bei schönem Wetter wird auf der Terrasse gedeckt. Mit einer Eintrittskarte für die Oper kann man in den Bars, dem Crush Room und den Vilar Balconies einen Tisch für die Zeit vor oder nach der Aufführung bzw. für die Pausen reservieren.

ABSEITS DER MASSEN

45 Floral Street

- Paul Smith, Nr. 40–44
- Burro, Nr. 29
- Maharishi, Nr. 19

Lassen Sie den Touristenmagneten Covent Garden Piazza hinter sich und machen Sie sich auf in die Floral Street. Schicke Boutiquen und witzige Shops ziehen Insider ebenso wie Einheimische an, die in der dezenten, kultivierten Atmosphäre der Fußgängerzone mit dem hübschen Kopfsteinpflaster nach »original Britischem« suchen. Der allererste Shop von Paul Smith (S. 164) ist hier zu finden. Burro, das Label mit Straßenschick, huldigt in klaren Linien dem Understatement. Seine Strickwaren und T-Shirts mit Siebdrucken sind in Farbe und Design ebenso minimalistisch wie die mit Farbspritzern übersäten Schultertaschen aus Leinen. Maharishi ist ein erfolgreiches britisches Label, für das Hardy Blechman die Tarnkleidung neu erfindet: Cargo- und Combathosen, aber auch Tigerstreifen-T-Shirts – alles in Farben, die in der Stadt deutlich mehr Aufmerksamkeit erregen als im Dschungel.

SICH VERWÖHNEN UND ENTSPANNEN – LADIES ONLY

46 The Sanctuary

12 Floral Street

Wie schon der Name andeutet, ist das Sanctuary eine andere Welt – eine unerwartete Zuflucht inmitten der Betriebsamkeit der nahen Floral Street. Londons berühmtestes Spa für Frauen ist ein Tempel des Sichverwöhnens und Entspannens. Fitness-Freunde toben sich im separaten Bewegungspool aus, andere lassen sich von der thailändisch inspirierten Sitzlandschaft zum Plaudern oder Lesen verführen, gemütlich in einen der hauseigenen flauschigen Bademäntel gehüllt. Whirlpools, Saunen und Räume für Gesichtspflege, Massage und Aromatherapie stehen im Dienste der Entspannung, das Palm Restaurant serviert die dazu passende Küche.

LUKULLISCHE GESCHICHTE

47 Rules

134

KLASSIKER VEREDELT

48 Savoy Grill

The Strand

Seit Jahrzehnten gilt das Savoy unter Freunden eleganter Gastlichkeit als britische Institution. Kein Wunder also, dass Marcus Wareings Verjüngungskur (er führt auch das renommierte Pétrus im Hotel The Berkeley) bei der gehobenen Klientel für Unruhe sorgte. Aber das 2003 in den alten Hallen neu erstandene Restaurant hat sich kulinarisch bewährt – und das Geschäft belebt. Die kühne neue Innengestaltung hat nichts an Eleganz eingebüßt, auch der Service ist gewohnt förmlich. Speisekarte und Zutaten indessen haben an Modernität gewonnen. Neu sind zum Beispiel der großartige gebratene schottische Hummer oder Tortellini mit Riesengarnelen. Keine Sorge, das Chateaubriand ist geblieben, aber es kitzelt den Gaumen jetzt mehr und beansprucht den Geldbeutel weniger.

MODE, WOHIN MAN SCHAUT

49 Seven Dials/Neal and Monmouth Street

- Coco de Mer, 23 Monmouth Street
- Koh Samui, 65 Monmouth Street
- aquaint, 38 Monmouth Street
- Neal's Yard, zw. Shorts Gardens u. Monmouth Street
- Magma, 8 Earlham Street

Das kleine Viertel mit seinen kopfsteingepflasterten Gassen und restaurierten Häusern hat sich in eines von Londons markantesten Einkaufsvierteln verwandelt. In den sieben historischen Gassen, die strahlenförmig von Seven Dials ausgehen, wechseln sich angesagte Modeboutiquen, Vintage-Stores und schräge Shops ab.

Ein kurzer Spaziergang durch Shorts Gardens führt zur Neal Street. Diese prägen Läden für wunderschönes und verrücktes Schuhwerk. In Monmouth Street und Upper St Martin's Lane glänzen die Designerboutiquen. Dessous und Erotika bietet Coco de Mer, die Schöpfung von Sam Roddick, Tochter von Body-Shop-Gründerin Anita Roddick. Gönnen Sie sich im Monmouth Coffee House eine Tasse frisch gemahlenen Kaffee, bevor Sie sich im Koh Samui umschauen. Es ist für seine gute Auswahl neuer Toplabels und Kreationen britischer Modeschöpfer bekannt. Gegenüber locken im aquaint (von Designer Ashley Isham) die Kollektionen einiger weniger, zumeist britischer Modedesigner.

Neal's Yard zwischen Monmouth Street und Shorts Gardens ist ein Zentrum für Bioküche und ganzheitliche Behandlungen: Neal's Yard Remedies verkauft Cremes, Öle und Zutaten der Aromatherapie in hübschen blauen Glasflaschen. Außerhalb des Innenhofs hat Neal's Yard Dairy eine Fülle köstlich-pikanter einheimischer Käsesorten im Angebot. Magma ist Londons führende Adresse für britische und internationale Publikationen über Grafik, Design und Architektur.

KULTURELLE WIEDERAUFERSTEHUNG

50 Somerset House

The Strand

- Courtauld Galleries
- The Admiralty
- Riverside Terrace

Nachdem 1997 ein ehrgeiziges Sanierungsprogramm ins Leben gerufen wurde, sind in die ehemals hässlichen Büros der Finanzbehörde in Somerset House zahlreiche Galeristen eingezogen, dazu ein elegantes Restaurant und ein Terrassenlokal. Im Innenhof sprudeln herrliche Springbrunnen, gestaltet von den Architekten Jeremy Dixon und Edward Jones. 1990 war bereits die immense Sammlung abendländischer Kunst des Industriellen Samuel Courtauld nach Somerset House (18. Jh.) verlegt worden. Auf drei Etagen sind alte Meister, Renaissancekunst sowie Werke der Impressionisten und Spätimpressionisten ausgestellt. Auch die europäischen Gold- und Silberschmiedearbeiten der Gilbert Collection sowie die Hermitage Rooms sind Besuchern zugänglich. Nach so viel Kultur ist die schicke Club-Atmosphäre des Admiralty willkommener Kontrast. Das Restaurant des einfallsreichen Oliver Peyton (S. 149, Inn the Park) verdankt seinen Namen den Räumen des Seefahrtsamtes, in die es einzog. Während das Interieur von Architekt Andrew Martin und Designerin Solange Azagury-Partridge (S. 171) traditionell Britisches und modernes Dekor mischt, gibt sich die Küche französisch. Die herrliche Riverside Terrace mit Blick auf die Themse ist zum ersten Mal seit über 100 Jahren wieder zugänglich. Im Winter verwandelt sich der Innenhof in eine Schlittschuhbahn unter freiem Himmel.

RUHIG UND EXKLUSIV

51 Adam Street

135

EDLE TROPFEN MIT GESCHICHTE

52 Gordon's Wine Bar

151

EIN FEST FÜR DIE AVANTGARDE

53 Institute of Contemporary Arts

The Mall

Das Institut für zeitgenössische Kunst (ICA) an The Mall verschwindet fast hinter den Kastanienbäumen, die diese grandiose Prachtallee säumen. Hier, in direkter Nachbarschaft zum vornehmen Nash-Haus, das John Nash in den 1830ern erbaute, finden einige der progressivsten Kunst-Happenings Londons statt. Ausstellungen, Gesprächsrunden und Aufführungen greifen neue Bewegungen in der Kunstwelt auf. Das ICA ist eine erstklassige Adresse für Kinofilme aus aller Welt und bei den Club-Nights legen handverlesene DJs auf. Die bis 1 Uhr geöffnete Bar ist ein cooler Ort für Drinks.

IDYLLISCHES BANKETT

54 Inn the Park

149

INDISCHER ABEND

55 Cinnamon Club

139

LETTERS
30

Marylebone
Fitzrovia
Bloomsbury
Holborn

CAMDEN TOWN
PRIMROSE HILL
KING'S CROSS
CLERKENWEL
BLOOMSBURY
FITZROVIA
MARYLEBONE
HOLBORN
SOHO
MAYFAIR
London Zoo
Regent's Park
Queen Mary's Gardens
Outer Circle
Prince Albert Road
Park Road
Rossmore Road
Church Street
Lisson Grove
Marylebone Road
Chapel St
Old M'lebone Rd
Edgeware Road
Seymour St
Gloucester Place
Baker Street
Chiltern Street
Paddington St
Marylebone High St
Wimpole Street
Harley Street
Portland Place
Great Portland St
Great Titchfield St
Cleveland Street
Charlotte Street
Wigmore Street
Oxford Street
Mortimer St
Goodge St
Tottenham Court Road
Gower Street
Madame Tussauds
Park Square Gardens
Albany Street
Delancey St
Camden High Street
Hampstead Road
Eversholt Street
Pancras Road
Euston Road
British Library
Woburn Place
Coram's Fields
Gray's Inn Road
Guilford Street
Roger St
Clerkenwell Rd
Russell Square
Southampton Row
Montague Place
British Museum
Bloomsbury Square
Bedford Square
Russell Street
Great Russell Street
New Oxford St
St Giles High St
High Holborn
Theobalds Road
Gray's Inn Rd
Hatton Garden
Chancery Lane
Fetter Lane
Lincoln's Inn Fields
Kingsway
Aldwych
MORNINGTON CRESCENT
KING'S CROSS ST PANCRAS
EUSTON
EUSTON SQUARE
WARREN STREET
GREAT PORTLAND STREET
REGENT'S PARK
BAKER STREET
MARYLEBONE
RUSSELL SQUARE
GOODGE STREET
TOTTENHAM COURT ROAD
OXFORD CIRCUS
BOND STREET
MARBLE ARCH
HOLBORN
CHANCERY LANE
1 2 3 4 5 6 7 8 9 10 11 12 13 14 15 16 17 18 19 20 21 22 24 25 26 27
1 Kilometer

Marylebone, das im Süden von der Oxford Street und im Norden von Euston bzw. Marylebone Road begrenzt wird, ist eine eigentümliche Mischung: geprägt von der Zeit Edwards VII., von Handel und Gewerbe, von Wohnhäusern und diskretem Schick. Marylebone High Street hat sich in den letzten Jahren einen Platz im Rampenlicht der Londoner Gastronomie erobert. Nicht ganz unschuldig daran sind die umliegenden hochkarätigen Geschäfte und Designerläden. Nur einige Schritte liegen zwischen dem berühmten Wachsfigurenkabinett Madame Tussaud's und Chiltern Street, einer wenig bekannten Straße mit schrägen und edlen Läden – Schritte, die kaum ein Besucher geht. Weiter nördlich, über Marylebone Road hinaus, findet sich auf dem Antikmarkt Alfie's und in der Church Street eine ganze Reihe von Antiquitätenhändlern.

Werbeagenturen (wie M & C Saatchi), Ingenieurbüros (Ove Arup, Buro Happold) und Einrichtungshäuser machen Fitzrovia zur Wiege hoher Gestaltungskunst. Die Gegend verdankt ihren Namen dem hübschen Fitzroy Square. Stimmungsvolle Pubs, die einst zu den Lieblingsplätzen verarmter Künstler und Schriftsteller gehörten, setzen heute auf schäbigen Schick.

Andere haben sich nach einem Großreinemachen angepasst – an die topmodernen Medienhäuser, die aktuelle Cuisine und Restaurants mit eleganten, von Topdesignern durchgestylten Interieurs, die dem nächtlichen Treiben jetzt einen Hauch von Glamour verleihen.

Bewegt man sich abermals Richtung Osten und überquert die Tottenham Court Road, gelangt man in eine Gegend, die Modernisten wie Virginia Woolf, John Maynard Keynes oder E. M. Forster in Gestalt der Bloomsbury-Gruppe populär machten. Als Heimat des University College und des British Museum – auch die British Library (heute in einem skandinavisch angehauchten Gebäude in Euston Road) befand sich bis in die späten 1990er hier – hat sich das Viertel die Aura einer literarischen und akademischen Enklave bewahrt, auch wenn sich heute Touristenbusse durch die engen Straßen zwängen.

John Milton, Francis Bacon, Charles Dickens und Dickens' literarische Figur Pip – sie alle lebten eine Zeit lang in einem als Holborn bekannten Ort. Die vier Juraschulen Londons, die Inns of Court, mit ihren vornehmen Gebäuden und üppig grünen Parkanlagen sind ebenso hier zu finden wie das einstige Mekka der Journaille, Fleet Street, und die frühere Uferstraße Strand. Das Schönste an Holborn sind seine vereinzelten historischen Schmuckstücke: die älteste katholische Kirche Londons; das in ein Museum umgewandelte Haus eines exzentrischen Architekten; und alte unterirdische Gewölbe, die heute von Silberhändlern genutzt werden.

ART DÉCO EXTRAORDINAIRE

1 Gallery 1930/Susie Cooper Ceramics

175

MODE UND MUSIK

2 Chiltern Street

- Gary Anderson, Nr. 36
- Melbo Couture, Nr. 39
- Howarth Woodwind Specialists, Nr. 31–35
- London Harpsichord Centre, Nr. 14
- Caroline Groves, Nr. 37
- Philip Somerville, Nr. 38

Chiltern Street, eine Parallele zur Baker Street, ist unterhalb von Dorset Street eine herrliche Ansammlung von schrägen Shops, die Brautleute und Musiker (der nahen Royal Academy of Music) bedienen. Den Bräutigam stattet Gary Anderson aus, die idealen Schuhe zum Anzug liefert oder fertigt Melbo Couture. Musiker interessieren Howarth Woodwind Specialists und das London Harpsichord Centre. Ein Neuling in traditionsreichen Räumen ist Schuhdesignerin Caroline Groves. Sie übernahm das 1934 gegründete Schuhmachergeschäft Savva, verleiht dem Schuhwerk dort ihren eigenen Look, an Savvas hohen Ansprüchen an persönlichen Service und Qualität aber hält sie fest. Die Hüte von Philip Somerville geben den Hochzeitskleidern aus den benachbarten Geschäften den letzten Schliff.

DIE GANZE WELT DER REISEBÜCHER

3 Daunt Books

83–84 Marylebone High Street

Abseits der Menschenmengen um Madame Tussaud's herrscht in Marylebone High Street eine überraschend angenehme Atmosphäre. Auch ohne die netten Geschäfte und Cafés wäre Daunt Books ein Grund, hierher zu kommen. Die Räume im Stil der Zeit König Edwards haben dem Laden seinen Ruf der schönsten Buchhandlung Londons eingebracht. Ihr Glanzstück ist die »internationale« Abteilung, in der James Daunt nicht nur Reiseführer und Karten in einem traumhaften Atrium anbietet, sondern auch Geschichtsbücher, Belletristik und Kochbücher nach Ländern sortiert.

PRUNKVOLLES STADTHAUS-MUSEUM

4 The Wallace Collection

Manchester Square

Die oft übersehene private Kunstsammlung wurde dem Königreich 1897 von Lady Wallace, der Witwe von Sir Richard Wallace, überlassen. Zu den Schätzen in den Prachträumen der Stadtvilla (spätes 18. Jh.) zählen eine Sammlung französischer Bilder, Porzellanobjekte und Möbelstücke des 18. Jhs., großartige Gemälde aus dem 17. Jh. und eine faszinierende Waffenkammer. Ein herrliches Atrium, entworfen von Rick Mather, wurde bei der Renovierung im Jahr 2000 angefügt. Es ist die ideale Umgebung für einen Lunch oder ein Glas Wein.

HANDARBEIT FÜR ZU HAUSE

5 Mint

70 Wigmore Street

Das Mint »ist ethno, wild, alt und neu, gediegen und puristisch, präsentiert handgefertigte Alltagsgegenstände in außergewöhnlicher Form«, erklärt Inhaberin Lina Kalafani. Ihr gewollt eklektisches Angebot an Möbeln, Textilien und Accessoires stellt sie auf zwei Etagen einer ehemaligen Weinhandlung mit Keller aus. Neben einer alten tibetischen Truhe entdecken Sie vielleicht ein Stück von Henry Harris oder ein Paar Filzpantoffeln unter Gläsern, Keramiken und Töpfen. Kommen Sie öfter, das Mint überrascht stets mit neuen Schätzen.

OPULENTE MEZE

6 Ozer

4–5 Langham Place

Wo Regent Street im Norden in Langham Place übergeht, überrascht das Ozer mit edlem Interieur in Rubinrot und türkisch-mediterraner Cuisine. Begeistert äußerten sich die Kritiker über das prächtige, behagliche Dekor, aber auch über die innovativen Varianten traditioneller türkischer Speisen. Küchenchef Huseyn Ozer zaubert aus dem klassischen Vorspeisenteller ein köstliches Fest für Gaumen und Auge. Immer bietet das Restaurant eine abwechslungsreiche Karte und perfekten Service, für den Ozer höchstpersönlich garantiert.

MIT NACHBARN INS PUB

7 Dover Castle

43 Weymouth Mews

Dieses georgianische Pub, versteckt in einer Seitenstraße, in der hauptsächlich Privathäuser und Botschaften stehen, ist das perfekte Plätzchen für ein Bier. Ob Sie die Einrichtung und das holzgetäfelte Speisezimmer aus dem Jahr 1777 bewundern oder sich an schönen Tagen zu den anderen Besuchern auf der Straße gesellen, Sie werden unter Menschen sein, die hier leben und arbeiten. Fremde verirren sich nur selten hierher.

ARCHITEKTEN UNTER SICH

8 Royal Institute of British Architects

66 Portland Place

Das Royal Institute of British Architects (RIBA) ist in einem grandiosen Bau aus den 1930ern untergebracht, zusammen mit Galerien, Konferenzräumen, einem Café und einer Architekturbuchhandlung von Weltrang. In Ausstellungen, Vorträgen und Veranstaltungen präsentiert man hier neue Baukunst aus aller Welt. Im zeitgenössisch-modernen Café im ersten Stock, das kürzlich von der Conran-Gruppe umgestaltet wurde, wimmelt es von VIPs aus der Architektengemeinde.

FRANZÖSISCHES CAFÉ

9 Villandry

170 Great Portland Street

Trotz – oder gerade wegen – ihrer französischen Note sind sowohl das Delikatessengeschäft (mit Direktimporten aus Paris) als auch das Restaurant Villandry Institutionen in Fitzrovia. Der Laden ist beste Quelle für Gourmetzutaten, und das Restaurant rühmt sich französischer Rezepte, die mit authentischer Präzision zubereitet werden. Dies ist der perfekte Ort für einen Kaffee oder ein Sandwich aus frischem Brot. Auch die reichhaltige Weinkarte wird vielen Wünschen gerecht.

FÜR HEIM UND HERD

10 CVO Firevault

36 Great Titchfield Street

In einer Gegend, die von modernen Möbelgeschäften und Objekteinrichtern geradezu wimmelt, ist CVO Firevault das Einrichtungshaus mit dem kleinen Unterschied. Die eleganten Kamine, die dem Geschäft seinen Namen gaben, sind ebenso zu haben wie eine ansprechende Auswahl an Objekten, Kleidung und behaglichen Möbeln, die um die tanzenden Flammen gruppiert sind. Die eigentliche Attraktion aber ist die Café-Bar im Untergeschoss. Von außen nicht erkennbar, ist sie schöner Zufluchtsort voller Atmosphäre.

ZURÜCK ZUM ENGLISCHEN WÜRSTCHEN

11 R. K. Stanley's

6 Little Portland Street

Obwohl die Inneneinrichtung mit gemusterten Betonblöcken die Arbeit von Frank Lloyd Wright zitiert und die Sitznischen mit rotem Kunststoffleder einen amerikanischen Beigeschmack haben, ist das Essen britisch. Die auf den ersten Blick konventionelle Küche aber gewinnt durch internationale Nuancen. So werden Würstchen mit thailändischen oder französischen Gewürzen verfeinert und mit pikanten Nudeln serviert.

ÜBERLEGENE MISCHUNG

12 The Social

157

STILVOLL IRONISCH

13 The Sanderson

120

FÜR VERWÖHNTE GAUMEN

14 Charlotte Street

- Fino, Nr. 33
- Pied à Terre, Nr. 34
- Passione, Nr. 10
- Bam-Bou und Lotus Rooms, 1 Percy Street
- Rasa Samudra, Nr. 5

Diese Durchgangsstraße in Fitzrovia hat sich zu einem Zentrum exzellenter Cuisine gemausert. Wie wäre es mit Finos Köstlichkeiten im Tapas-Stil? Oder verlässlich guter, französischer Haute Cuisine im Pied à Terre? Niveauvolle Klassiker aus Italien kommen im Passione auf den Tisch, wo Inhaber Gennaro Contaldo als Chefkoch persönlich für Qualität bürgt. Im Bam-Bou gehen Frankreich und Vietnam eine kulinarische Liaison ein. Die Lotus Rooms im ersten Stock reichen Cocktails im vietnamesischen Ambiente, das cool und elegant wirkt. Im Rasa Samudra hat Küchenchef Das Sreedharan die indische Zubereitung von Meeresfrüchten zur Kunst erhoben. Verlockend innovativ stimmt er Fisch, Curry und Chili fein aufeinander ab.

JAPANISCH VOM GRILL

15 Roka

37 Charlotte Street

Das Herz des Roka ist ein Robata-Grill, auf dem man in Japans Küchen portionsweise Rind, Huhn, Schwein, Fisch und Gemüse brät und gart. Um Plätze an der Robata-Bar zu ergattern, brauchen Sie ein wenig Glück, Tische hingegen kann man reservieren. In der intimen Shochu Lounge im Untergeschoss sorgen dunkles Holz, weiche Stühle und Polsterbänke mit frechen Druckmotiven aus Japan für ein sinnliches Ambiente. Hier schlürft man als Aperitif wodkaähnlichen Shochu mit den Aromen von Zitrone, Pflaume oder Erdbeere. Rokas Schwesterlokal ist das Zuma in Knightsbridge.

Comte
Cow's milk
The salt is strong but balanced and the flavour has a nutty tang
£19.50 / Kg

KLASSISCH ENGLISCHE PASTETEN

16 Newman Arms

23 Rathbone Street

Zwischen all den schon fast schmerzhaft modernen Restaurants und Gastro-Pubs Londons ist das Newman Arms in einer stillen Seitenstraße nördlich der Oxford Street eine willkommene Abwechslung. Der untere Raum – nur für Drinks – ist eng, aber behaglich. Oben wird an weniger als einem Dutzend Tische ein geradliniges Menü aus ausgezeichneten Pasteten und englischen Puddings freundlich und ohne Getue serviert. Es gibt hier nur Mittagessen, und Sie sollten anschließend einen ausgedehnten Spaziergang machen, besonders wenn Sie zum Nachtisch den unwiderstehlich klebrigsüßen Karamellpudding gewählt haben.

BRITISCHE MODERNE

17 Target Gallery

7 Windmill Street

Diese unscheinbare Galerie in einer Seitenstraße der Goodge Street (nahe Tottenham Court Road) hat sich heimlich, still und leise einen Namen gemacht – dank ihrer Sammlung von Möbeln, Keramiken, Textilien und Glaskunst der Moderne. Den Schwerpunkt bilden britische Gestalter wie Robin Day, Frank Guille, William Plunkett und John und Sylvia Reid, aber man findet auch Designer aus Italien, Skandinavien und Frankreich, Grafiken und Pop-Art-Plakate und vieles aus der Zeit zwischen den 1930ern und den 1970ern.

BRITISCHES KUNST-HANDWERK

18 Contemporary Applied Arts

2 Percy Street

Die 1948 gegründete Galerie Contemporary Applied Arts ist die größte private Galerie für zeitgenössisches Kunstgewerbe in Großbritannien. Ihr fester Bestand ist gewaltig, und sie veranstaltet Sonderschauen zu fast allen Materialarten und Techniken: echter Schmuck und Modeschmuck, feine Metallarbeiten, dekorative und funktionale Keramik, Holz, Textilien, Möbel, Glas, Buchbinderei und Papier. Die Arbeiten können direkt in der Galerie erworben werden.

ASIATISCHE SCHÖNHEIT

19 Hakkasan

133

EXZENTRIKERGLÜCK

20 Sir John Soane's Museum

13 Lincoln's Inn Fields

Sir John Soane (1753–1837) war ein berühmter Architekt (u. a. der Bank of England) und Kunstsammler. Er häufte eine solch gewaltige Zahl an Antiquitäten, archäologischen Fragmenten, Architekturstichen und -zeichnungen an, dass sein 1824 fertig gestelltes Haus bald als »Architekturakademie« bekannt war. Ein Rundgang in diesem Schmuckkästchen ist eine Begegnung mit dem Leben und den Leidenschaften von Sir John. Darüber hinaus gibt es Gemälde von Canaletto, Turner und J. Reynolds, zwei Serien von Hogarth, römische Marmorstatuen und einen ägyptischen Sarkophag zu bestaunen. Ein besonderes Erlebnis gewährt der jeweils erste Dienstag des Monats, wenn Kerzenlicht die abends geöffneten Räume des Museums erhellt.

SILBERVERSTECK

21 London Silver Vaults

53–64 Chancery Lane

Die weltgrößte Sammlung von antikem Silber verbirgt sich in 37 Geschäften unter einem reizlosen Gebäude in den vormaligen Tresorräumen reicher Londoner. Seit 1867 werden die Kammern Tag und Nacht bewacht – bis heute hat es nie einen Raub gegeben. Nach 1953 zogen Silberhändler in die Gewölbe. Seitdem ist dies der Ort für feines Silber, und das fast zum Händlerpreis. Selbst wenn Sie keine verschnörkelte Silberplatte oder viktorianische Leuchter benötigen, der Abstieg in die selbst vielen Londonern unbekannten Gänge lohnt sich.

HEILIG UND ALT

22 St Etheldreda

Ely Place

Eine von Londons stimmungsvollsten Kirchen ist die 1293 erbaute St Etheldreda, die zugleich das älteste erhaltene katholische Gotteshaus der Stadt ist. Im frühen 17. Jh. war sie Zuflucht verfolgter Katholiken. Große Teile wurden im Zweiten Weltkrieg beschädigt, nicht aber die Krypta auf römischen Fundamenten des 3. Jhs. Das Gewölbe war früher eine Taverne. Nun haben Besucher das Vergnügen, ihren Durst in den winzigen Räumen von Ye Olde Mitre Tavern nebenan zu löschen.

GEWEIHTES PUB

23 Ye Olde Mitre Tavern

152

SIR JOHN SOANE'S
MUSEUM
Open Tuesday-Saturday
10 AM ~ 5 PM
(6-9 pm on the first Tuesday
of the month)
ADMISSION FREE
Groups must book in advance
TEL: 0171 405-2107
Lecture tour on Saturday 2:30

LAMBS CONDUIT
STREET
W.C.1

THE
FAMOUS
PIE ROOM
12-3 P.M. MON-FRI;
PUB OPENING TIMES: 11.30AM-11PM.
HOME BAKED
PUDDINGS
AND
PIES
BOOKING ADVISABLE
020 7636 1127

ALLES, WAS KUNST BRAUCHT

24 Cornelissen & Son

105 Great Russell Street

Mit den schwarz gestrichenen Holzschubladen, in denen sich interessante Dinge verbergen, den antiken Kabinettschränken, voll gestopft mit Farbtöpfen und -tuben, Pinseln, Spezialpapieren und allerlei Künstlerbedarf, ähnelt der Laden einer alten Apotheke. Cornelissen & Son, 1855 gegründet, genießen weltweites Renommee als die »Farbleute der Künstler«. Bei ihnen bestellten Künstler per Post, lange bevor das Internet 2004 ihre Bestände der Welt zugänglich machte. Ein Besuch in dem viktorianischen Traditionsgeschäft ist allemal faszinierender, als die Produkte online zu durchstöbern. Hier, nur einen Steinwurf vom British Museum entfernt, treffen sich Profi und Laie, suchen nach seltenen Pigmenten, speziellen Klebstoffen, Heften mit Blattgold oder einem von Tausenden von Pastelltönen. Je spezieller das Anliegen, desto lieber erfüllt man es.

SINGIN' IN THE RAIN

25 James Smith & Son Umbrellas

55 New Oxford Street

Das Äußere des Ladens gibt eine so schöne Kulisse für Fotos ab, dass viele versäumen hineinzugehen. Und das, obwohl James Smith & Son das Nonplusultra bieten, wenn es um Schirme und Gehstöcke geht. Der erste Smith gründete sein Geschäft 1830, sein Sohn bezog 1857 jene Räume, in denen die Familie seitdem ihr Geschäft betreibt. Die Firma verwendete als Erste den berühmten Fox-Stahlrahmen, der einen Smith-Schirm zum besten unter dem Himmel macht. Außerdem stellt sie noch heute Gehstöcke her, die allerdings auf dem Land wesentlich populärer sind als in der Stadt. Bei Smith & Son gibt es Schirme für feierliche Gelegenheiten und für den Alltag, in gediegenen dunklen Farben und knallig bunt. Doch alle sind Symbole einer Ära hervorragender Handwerkskunst – und ein unentbehrliches Accessoire für Londons unbeständiges Wetter.

VERSPIELT UND FEMININ

26 Joie

10 Museum Street

Vom British Museum nur wenige Schritte die Straße hinunter, an einem eher überraschenden Ort neben einer uralten Kneipe und um die Ecke vom hippen Danceclub The End verkauft das Joie eine eigene Kollektion aus zarten, durchscheinenden Kreationen. Die einzigartigen Modelle ziehen seit langem, wenn auch eher im Stillen, eine wählerische Insiderszene an. Der kleine, scheinbar von Wald überwucherte Laden liefert eine passende Kulisse für die Kleider, Röcke und Tops, die so verspielt wie zeitgemäß sind.

STILECHTE FORTIES

27 The Duke (of York)

7 Roger Street

In dem kleinen, in einer engen Seitenstraße der Gray's Inn Road versteckten Pub sind die 1940er quicklebendig und munter. Man muss schon genau wissen, wo es ist, aber hat man es erst einmal gefunden, fühlt man sich zwischen den warmen gelben Wänden, dem rot lackierten Klavier in der Ecke und den wechselnden Ausstellungen sofort heimisch. Besonders reizvoll ist die hintere Lounge-Bar, ihre Bänke mit hohen Holzlehnen erinnern an ein altes Bahnhofscafé oder eine Flüsterkneipe. Wirklich interessante Pubs aus postviktorianischer Zeit sind in London eine echte Seltenheit, und damit ist das Ambiente dieses Pubs der Prämoderne fast eine Extravaganz. Die gute Auswahl an Bier und frischer, moderner Küche wird die meisten Gäste ansprechen.

BANKSY

Clerkenwell
Islington
King's Cross

LOWER HOLLOWAY
HIGHBURY
CANONBURY
HIGHBURY & ISLINGTON
Holloway Road
Liverpool Road
Highbury Stn Rd
Offord Road
Islington Park St
C'bury La.
Canonbury Road
Caledonian Road
Thornhill Road
Barnsbury St
Almeida St
Cross Street
Richmond
Avenue
Richmond Ave
Essex Road
New North Road
Upper Street
Barnard Park
Cloudesley Road
Islington Green
St Peter's Street
Copenhagen Street
Regent's Canal
Barnsbury Road
Ritchie St
Goods Way
Wharfedale Rd
ISLINGTON
St Peter's St
Eagle Wharf Road
Shoreditch Park
HOXT
Wharf Road
Shepherdess Walk
City Road Basin
Pentonville Road
ANGEL
City Road
Goswell Road
St. John Street
Penton St
Penton Rise
York Way
KING'S CROSS ST PANCRAS
Pancras Road
King's Cross Rd
Leeke St
Britannia St
Swinton Street
Acton Street
Gray's Inn Road
KING'S CROSS
King's Cross Road
Lloyd Baker St
Amwell Street
Rosebery Avenue
St John Street
Lever Street
Bath Street
Provost St
East Road
SHOR
DITC
OLD STREET
Percival Street
Skinner Street
Exmouth Market
Calthorpe Street
Farringdon Road
CLERKEN-WELL
Old Street
Great Sutton Street
Aylesbury St
Clerkenwell Road
Bunhill Row
Bunhill Fields
Chiswell Street
Beech Street
BARBICAN
FARRINGDON
Cowcross St
Hatton Garden
Charterhouse Street
Smithfield Market
Long Lane
Aldersgate St
West Smithfield
Smith St
MOORGATE
Moorgate
London Wall
CHANCERY LANE
Holborn
Holborn Viaduct
Newgate St
K. Edward St
ST PAUL'S
1 Kilometer

Die »neighbourhoods« nördlich von Smithfield – Clerkenwell, King's Cross und Islington – demonstrieren anschaulich, wie aus einem dichten urbanen Geflecht neues Leben und Vitalität erwachsen kann. Am Nordrand der City steht stolz die Kirche St Bartholomew the Great inmitten all der Sanierungsprojekte und wirkt wie ein Angelpunkt zwischen der Innenstadt und ihren quicklebendigen Nachbarn im Norden. Smithfield Market, wo man im Mittelalter mit Pferden und Rindern handelte (heute ein Fleischgroßmarkt), zeigt Zeichen des Wandels: Londons Clubgänger strömen in die zu Tanzpalästen umgestalteten viktorianischen Lagerhäuser.

Der Wandel setzt sich im Norden, in Clerkenwell, fort. Das Viertel ist bekannt für seine zahlreichen Fabrikhallen, von denen sich viele zu schicken Lofts gemausert haben. Die Journalisten der Zeitung The Guardian und eine ganze Garde von Architektur-Ikonen wie Zaha Hadid sorgen für diese ganz eigene Londoner Chemie, die Neues und Altes aufeinander prallen lässt und dabei aufregend Unerwartetes hervorbringt.

Auch Islington ist ein Beispiel für erfolgreiche Regeneration. Mit den eigenwilligen und lauschigen Plätzen seiner Wohngegenden war es einer der ersten Londoner Vororte, die im 19. Jh. entstanden. Seine Lage am Rand des Zentrums machte das Viertel für Künstler, Schriftsteller und Banker aus dem Börsenviertel attraktiv, und so strömten sie in den 1970ern hierher, um verlassene Häuser zu restaurieren. Heute zählt Islington mit seiner großbürgerlichen Eleganz zu Londons lebendigsten und kreativsten Vierteln. Auch wenn sich in der Upper Street, der Hauptstraße des Viertels, Filialen großer Ketten drängen, Straßenmärkte wie die Camden Passage (S. 81), unabhängige Boutiquen und Bars sorgen dafür, dass das Szeneflair bleibt. Islingtons sehr lebendige Theaterszene – in keinem anderen Londoner Viertel gibt es so viele Bühnen wie hier – ist ein Tummelplatz für Theaterfans und Bühnengroupies.

King's Cross kannte man bis vor kurzem nur als Bahnhof; mittlerweile gilt seine Umgebung als eigenständiger Stadtteil. Die kommende Erschließung der Bahnstation für die Hochgeschwindigkeits-Trasse nach Paris (2,5 Std. Fahrt) hat Loft-Bauprojekte sowie eine Fülle trendiger Bars und Läden aus dem Boden schießen lassen. Kenner wissen seit Jahren um den schrägen Charme der Gegend: Der erzminimalistische Architekt John Pawson hat sein Atelier ebenso hier wie das Designer-Wunderkind Thomas Heatherwick oder die Werbegurus Wolff Olins. Obwohl diese Viertel unweit der großen Touristenattraktionen liegen, haben sie sich ihren Charakter bewahrt, zu dem auch die hier lebenden Schriftsteller und Kreativen beitragen.

BEZAUBERNDE KIRCHE

1 St Bartholomew the Great

West Smithfield

In einer schön erhaltenen Gegend mit engen, von traditionellen Pubs und Läden gesäumten Straßen steht diese kleine Kirche direkt gegenüber dem Smithfield Market. Sie ist letztes Überbleibsel des von dem Augustiner Rahere 1123 parallel zu St Bartholomew Hospital (heute St Bart's) gegründeten Klosters. Teile der Kirche wurden umgebaut, dann verfiel sie, bis man sie im späten 19. Jh. restaurierte. Heute ist ihr schlichtes Inneres als Glanzstück des mittelalterlichen London ein Ruhepol im geschäftigen Kern des Viertels.

HISTORISCH-FRECHE BOUDOIRS

2 The Rookery

118

»FACTORY OF LIGHTS & EXPERIMENT«

3 Antoni & Alison

43 Rosebery Avenue

Knallige und witzige Fotodrucke auf T-Shirts sind das Markenzeichen der beiden experimentellen Designer. Antoni Burakowski und Alison Roberts erlangten durch ihre erfrischend witzigen Modenschauen eine gewisse Berühmtheit. Mit Schwung und Mut haben sie eine komplette Kollektion cleverer Street-Fashion entworfen: Gestricktes, Kleider, Hemden, Röcke und Hosen mit einer Vielzahl von Druckmotiven und Mustern.

VON KOPF BIS SCHWANZ

4 St John

144

BEHAGLICH URBANE BLEIBE

5 The Zetter

112

DAS KREATIVE ZENTRUM

6 Clerkenwell Green

- Lesley Craze Gallery, Nr. 34
- Marx Memorial Library, Nr. 37a

In den letzten zehn Jahren hat sich Clerkenwell zur Spielwiese für Designertalente aller Bereiche gemausert, und allmählich rückt eine gehobene Klientel nach. Zentrum dieses Wandels ist Clerkenwell Green mit seinen originellen Geschäften. Die Lesley Craze Gallery hat sich einen Ruf für innovativ gestalteten wertvollen Schmuck erworben. Sie zeigt Arbeiten von über 100 in Großbritannien lebenden Künstlern und Textil- und Webkunst einheimischer Kunsthandwerker. Ein Kontrastprogramm nach dem extravaganten Shopping-Erlebnis ist die Marx Memorial Library. Der Wallfahrtsort für Generationen von Revolutionären ist heute eine Mitgliederbibliothek. Sie wurde als Antwort auf die Bücherverbrennungen der Nazis eröffnet und hat sich auf sozialistische Literatur spezialisiert.

FRISCH AUF DEN TISCH

7 Smiths of Smithfield

67–77 Charterhouse Street

Das Smiths blickt auf den alten Viehmarkt von Smithfield, und wenn Sie sofort an Rindfleisch denken, wird man Sie sicher nicht enttäuschen. John Torode hat sich der bürgerlichen britischen Küche angenommen und sie mit frischen Zutaten und einem Hauch Thailand und Italien verfeinert. Ferner bezieht er sein Fleisch von britischen Biobauern. Als Location hat sich Torode die historische Halle der Fleischverpacker ausgesucht. Im weitläufigen Parterre wird den ganzen Tag Frühstück serviert. Im ersten Stock reicht die Cocktailbar in Sitznischen aus rotem Leder Erfrischungen, während im Speisesaal im zweiten Stock am Tisch bedient wird. Die oberste Etage ist die Bühne für Torodes Bioküche: Clouchester-Old-Spot-Schweinefilet mit chinesischem Senfkohl, Krabbenravioli und Thaibrühe oder Rinderlende »Welsh Black« (26 Tage abgehangen).

HEIM FÜR DESIGN

8 Her House

30D Great Sutton Street

Morag Myerscough lädt Sie ein, durch ihre Küche zu wandern oder auf dem Sofa auszuruhen – und das eine oder andere Designerstück zu erwerben. In dem viktorianischen Stadthaus, das sie selbst bewohnt, zeigt Myerscough ausgesuchte Objekte zeitgenössischer britischer Designer: Kunstwerke, Möbel, Keramiken und Textilien, arrangiert wie in einem privaten – zugegebenermaßen äußerst stilbewussten – Heim. Mit ihrem Label »her house« unterstützt Myerscough aufstrebende Künstler und Designer bei der Umsetzung von Produktideen. 2003 brachte sie mit Luke Morgan die erfolgreichen »shoe-plates« heraus. Vielleicht entdecken Sie einige auf dem gläsernen Esstisch unter einer Lampe von Myerscough und Morgan. Riskieren Sie einen Blick ins Badezimmer! Dieses teilt sich die Löwentatzenwanne mit verlockenden Ölgemälden.

SCHLICHT UND EINFACH

9 Quality Chop House

92–94 Farringdon Road

Von außen wirkt das Quality Chop House nahe dem Exmouth Market in der von Medienfirmen dominierten Farringdon Road, als stehe es dort schon seit Jahrhunderten – mit unveränderter Speisekarte. Tatsächlich stammt es aus dem 19. Jh., in seiner heutigen Form existiert es erst seit etwa zwölf Jahren. Auch wenn der in das Fensterglas geätzte Schriftzug das Quality Chop House der Arbeiterklasse anempfiehlt und Papierservietten, Gewürzstreuer und die schlichte Speisekarte Bescheidenheit suggerieren – die Cuisine von Küchenchef Charles Fontaine schmeckt Journalisten, Bankern und kreativen Köpfen ebenso wie den Leuten aus der Nachbarschaft. Serviert werden Klassiker wie Aal in Aspik oder gegrillter Hummer, im klassischen Ambiente mit Sitzbänken und hohen Rückenlehnen. Das Quality Chop House bietet keinen Luxus, aber gute Qualität.

STRASSE MIT SCHICK

10 Exmouth Market

- Moro, Nr. 34–36
- Exmouth Grill, Nr. 55–57
- Medcalf, Nr. 40
- $ Grills and Martinis, Nr. 2
- EC One, Nr. 41
- Family Tree. Nr. 53

Montagmorgens säumen Stände die Straße, in deren Angebot sich der wachsende Wohlstand der Nachbarschaft spiegelt: Webtaschen, delikate Wurst, allerlei Käsesorten, Oliven und Öle. Überall auf dem teils verkehrsfreien Exmouth Market boomen neue Trendshops zwischen den wenigen alteingesessenen Geschäften. Als das Moro vor ein paar Jahren eröffnete, machte es mit seiner nordafrikanisch-spanischen Küche pikante Furore. Nicht nur zu den Tapas lässt man sich Sangria, Cocktails oder Importweine schmecken. Inzwischen ist der Exmouth Grill als Option für ein legeres Mittag- oder Abendessen hinzugekommen. In einer einstigen Metzgerei serviert das rustikal schicke Medcalf zuverlässig gute, herzhafte Kost mit französischem Touch. Die Cocktails in der Martini Lounge der Dollar Bar sind ein Erlebnis – die kitschfrohe Deko ist es auch. EC One präsentiert kostbaren Schmuck von über 40 meist britischen Designern und maßgefertigte Trau- und Verlobungsringe des Teilhabers und Goldschmieds Jos Skeates. Mit einer Gruppe befreundeter Designer haben Takako Copeland und ihr Mann Matthew Family Tree gegründet. Die gebürtige Japanerin verkauft im Laden selbst gefertigten Schmuck und Swarovski-Kristall, neben hochwertigen, von Hand gefertigten Schuhen, Gürteln und Schals. Hübsche Kleinigkeiten sind handgemachte Seifen und winzige Schachteln für den »Transport wertvoller Insekten«.

GASTRO-PUB DER ERSTEN STUNDE

11 The Eagle

138

MARTINIS
MARGARITA
COSMOPOLITAN
CHAMPAGNE COCKTAIL
MOJITO-

CRAFTS COUNCIL
HOME MADE HOLLAND

Sadler's Wells

THE FISH SHOP

RÜCKKEHR EINES BELIEBTEN KLASSIKERS

12 Fish Shop on St John Street

360–362 St John Street

Als das Fish Shop vor einigen Jahren aus der Upper Street verschwand, war das für viele ein herber Verlust. Aber die einstigen Besitzer haben nun eine gehobene Version ihres beliebten Lokals eröffnet – für Fisch und Schalentiere frisch vom Billingsgate Market. Panierte Scholle, Kabeljau oder geräucherter Schellfisch stehen neben *Cornish crab,* Felsenaustern, frischen Langustinos und einheimischem Hummer auf der Karte. Das kreative Augenmerk des Kochs gilt der Vielfalt – ob aus der Pfanne oder im Teig-, Ei- oder Matzemantel.

TANZTHEATER

13 Sadler's Wells

Rosebery Avenue

Bereits im Jahr 1683 errichtete Thomas Sadler bei einer Quelle, der man heilende Kräfte nachsagte, ein »Musick House«, um die Gäste, die hierher zur Kur kamen, auf vielfältige Weise zu unterhalten. Seitdem hat hier immer ein Theater gestanden. Heute ist Sadler's Wells vor allem ein modernes Tanztheater mit hoch gelobtem, international geprägtem Spielplan. In dem reizvoll gestalteten, 1998 eröffneten Gebäude sind neben modernsten Bühnenanlagen drei Bars, ein Café und ein Ausstellungsraum untergebracht. Die jüngsten Aufführungen reichen von Pina Bauschs Werk *Nelka* über klassischere Produktionen von Matthew Bourne bis hin zu den temperamentvollen Veranstaltungen des London Flamenco Festival 2005.

GEWEBTE KUNST

14 Wallace Sewell

24 Lloyd Baker Street (Ecke Amwell Street)

Harriet Wallace-Jones und Emma Sewell weben seit ihrem Abschluss am Royal College of Art 1990 gemeinsam. Seit Jahren bieten Liberty, das London Crafts Council sowie ausgewählte Fachhändler im Ausland ihre edlen Stoffe an, 2003 aber haben sie sich in Clerkenwells kreativem Mekka an der Amwell Street den Traum vom eigenen Shop verwirklicht. Hier gibt es ihre gesamte Kollektion der Schals, Überwürfe und Kissen. Ihre Ideen mit vom Bauhaus und den Koloristen beeinflussten Farbflächen und lebhaften Streifenmustern entwickeln sie auf zwei Webstühlen im Souterrain; eine englische Fabrik fertigt später kleine Stückzahlen. Die Strukturstoffe aus Seide, Kaschmir und Mohair für den Winter oder Seide, Crêpe und Leinen im Sommer sind kunstvoll handgefertigte Einzelstücke – vom Entwurf über das Färben bis zu den feinen Webmustern.

ZEITGENÖSSISCHES KUNSTGEWERBE

15 Crafts Council

44a Pentonville Road

Die Pentonville Road (zwischen King's Cross und dem U-Bahnhof Angel) ist breit, laut und nicht gerade ein Genuss für die Sinne. Dagegen überaus ansprechend das Crafts Council am Fuß der Upper Street in Islington. Über 1200 Werke aus Metall, Papier, Plastik, Keramik, Glas und Holz oder gebunden wie ein Buch werden hier gezeigt. Großbritanniens größte Kunstgewerbegalerie wurde 1972 mit dem Ziel eröffnet, künstlerisches Handwerk einer breiten Öffentlichkeit zu erschließen. Heute ist sie ein bedeutender Motor in der Unterstützung und Förderung von Kunsthandwerkern im ganzen Land. In der Ausstellung sind junge wie etablierte Künstler repräsentiert. Im Galerieshop kann man viele der Arbeiten kaufen oder bestellen.

GEPFLEGTE TRINKKULTUR

16 Pubs in Islington

- The Crown, 116 Cloudesley Road
- The Draper's Arms, 44 Barnsbury Street
- Duke of Cambridge, 30 St Peter's Street

Während immer mehr Gastro-Pubs aus Londons Boden schießen, ist das Crown ein bewährter Publikumsliebling in einer stillen Straße abseits des Verkehrs. Das vor vielen Jahren im Herzen von Barnsbury eröffnete Pub ist eine zuverlässige Adresse für schmackhaftes Essen und hat eine einladende Atmosphäre. Geschickt ausgewählte Weine sind eine Alternative zum hellen belgischen Hoegaarden-Bier oder dem tschechischen Kultbier Staropramen vom Fass. Die Speisekarte im The Draper's Arms bringt Londoner Szenekenner wie Michelin-Kritiker zum Schwärmen. Seine Beliebtheit in der Nachbarschaft verdankt es allerdings der sehr behaglichen, etwas gehobenen Atmosphäre, in der sich ein Pint so angenehm trinkt wie eine Flasche Wein. In Islingtons nobler Wohngegend Canonbury haben Geetie Sing und Esther Boulton das alte Eck-Pub Duke of Cambridge in ein Gourmetparadies der Biokost verwandelt, das Gäste aus ganz London anzieht.

WEIN IN DER GARAGE

17 Smithy's

153

10

Seven Sisters
Finsbury Park Holloway
Caledonian Road
KINGS CROS
25

HYMNE AN DIE KUNST

18 Gagosian Gallery

6–24 Britannia Street

Gagosian Gallery hat sich als erste bedeutende Galerie im aufstrebenden King's Cross etabliert. Ein mutiger Schritt, von dem man sich Impulse für den Wandel im Viertel erhofft, denn Gagosian zählt in der zeitgenössischen Kunstszene zu den innovativsten Top-Galerien mit Dependancen in New York und Beverly Hills. Die geschickte Ausleuchtung des alten Industriegebäudes ist das Werk des Architekturbüros Caruso St John.

ROTLICHTZONE

19 Ruby Lounge

157

SCHUHE FÜR PRINZESSINNEN

20 Joe Tan

98 Caledonian Road

Als er nach London kam, arbeitete er zunächst für seinen Landsmann, den malaysischen Designer Jimmy Choo. Tan bewies schnell Talent und stieg zum Schuhdesigner der Prominenz und gekrönter Häupter wie Prinzessin Diana auf. Mit den luxuriösen Schaufensterdraperien um prächtig geschmückte Schuhe fällt sein erster Shop im erst langsam erwachenden King's Cross sofort ins Auge. Tan modelliert inzwischen auch fürs breite Publikum, das ausgefallene Details und persönlichen Service zu schätzen weiß.

SCHAUSPIELERTREFF

21 Almeida Theatre

Almeida Street

Seit seinem Debüt 1980 hat sich das Almeida zu einer der angesehensten kleinen Theaterbühnen in London gemausert. 1990 gründete es unter der gemeinsamen Leitung der Schauspieler Ian McDiarmid und Jonathan Kent eine eigene Produktionsgesellschaft. Kent wurde bekannt als der Mann, der Hollywood nach Islington brachte. Schauspieltalente der ersten Garde wie Claire Bloom, Ralph Fiennes, Juliette Binoche und Kevin Spacey (jetzt Old Vic, S. 105) verhalfen dem Theater zu Dutzenden von Preisen. Im Juli 2002 wurde Michael Attenborough zum künstlerischen Leiter ernannt. Das vollständig renovierte und modernisierte Gebäude aus dem Jahr 1837 wurde im Januar 2003 mit einem vollen Spielplan wieder eröffnet – der nicht nur das Publikum anspricht, sondern auch die Schauspieler.

IM WANDEL BEGRIFFEN

22 Upper Street

- The King's Head, Nr. 115
- Twenty Twenty-one, Nr. 274
- Gill Wing Shops, Nr. 182, 190, 194, 196
- Euphorium Bakery, Nr. 203
- Stephen Einhorn, Nr. 210

Trotz des schnöden Kommerzes blüht hier noch das, was Islington außergewöhnlich macht: Theater, Kunsthandwerk, Antiquitätenhandel und Restaurants. King's Head ist ein Kneipentheater, das von der Solo-Performance über Varieté bis hin zu irischer Musik alles auf die Bühne bringt. Für moderne Möbel und Wohnaccessoires ist Twenty Twenty-one eine schicke Adresse – mit einem ebenso schicken Ausstellungsraum nahe Amwell Street. In den Läden von Gill Wing gibt es Küchenutensilien, Schuhe, schräge Lifestyle-Accessoires und Firlefanz, Mode für Männer und Schmuck. Euphorium Bakery verkauft köstliches Brot und feines Gebäck. Für die Freunde des Gothic-Stils entwirft Stephen Einhorn Schmuckkollektionen für Sie und Ihn.

REICH DER ANTIQUITÄTEN

23 Camden Passage Antiques Market

Seitenstraße der Upper Street

- The Mall, 359 Upper Street
- Frederick's, 106 Camden Passage
- Annie's, 12 Camden Passage
- Tadema, 10 Charlton Place
- Elk in the Woods, 39 Camden Passage

Camden Passage verwandelt sich mittwochs und samstags in einen quirligen Antiquitätenmarkt, der den Passanten der Upper Street fast verborgen bleibt. In The Mall (Passage) wird von historischen Diademen über das Teeservice und Jugendstilkeramiken bis hin zum Segelschiff aus Holz nahezu alles verkauft. Frederick's ist eine Institution in Islington. In seinem Wintergarten gönnt man sich nach der Antiquitätenjagd Hummer oder feinstes Rindfleisch. Bei Annie's, einem Shop mit erlesener Vintage-Mode, ertrinkt man in extravaganten perlenbestickten Zwanzigerjahre-Kleidern und spitzenübersätem viktorianischem Leinen. Reinsten Art nouveau, Jugendstil und Silberschmuck finden Sie bei Tadema. Lassen Sie sich auf keinen Fall die überquellenden Lädchen der Pierrepont Row entgehen. Eine höchst begrüßenswerte Novität ist Elk in the Woods, eine launige Bar mit anheimelndem Lokal für bodenständige Schlemmer. Das Hüttenambiente mit dem gedämpften Licht verführt zum Relaxen.

SHOPPING-PARADIES

24 Cross Street

- Fandango, Nr. 50
- Suzy Harper, Nr. 44
- Canal, Nr. 42
- Cross Street Gallery, Nr. 40

Zwischen Essex Road und Upper Street liegt eine Gasse, in der sich ein georgianisches Haus an das nächste reiht: Cross Street mit individualistischen Läden und Boutiquen. Fandango hat sich auf Retro-Extravaganzen der Fifties und Sixties wie »Sputnik«-Hängelampen oder Stühle von Arne Jacobsen verlegt. Leinen und Baumwolle zeichnen die luftigen Kleider und Blusen von Suzy Harper aus. Nach eigenen Entwürfen verarbeitete Textilien aus Indien machen die feinen Schals, Stolen oder Jacken von Canal zum Fest für die Sinne. Cross Street Gallery präsentiert zeitgenössische Gemälde und Drucke von Künstlern wie Bridget Riley.

RANDBEDINGUNGEN

25 Essex Road

- Get Stuffed, Nr. 105
- Old Queen's Head, Nr. 44
- S & M, Nr. 4–6

Essex Road verkörpert die coole, weniger stromlinienförmige Seite des wohlhabenden Islington. Vergangenheit lässt das Pub Old Queen's Head aufleben. Die elisabethanische Schänke wurde 1829 abgerissen und komplett mit Kaminsims und Stuckdecke im Stil des 16. Jhs. wieder aufgebaut. Ein skurriler Szeneliebling ist Get Stuffed: In diesem Laden eines Tierpräparators kann man Löwen, Pfauen, Kängurus und jedes andere erdenkliche Tier kaufen – ausgestopft, versteht sich. Würstchen mit Kartoffelbrei *(bangers and mash)* ist ein typisch englisches Schnellgericht, und um nichts anderes geht es bei S & M. Die Karte des 1950er-Jahre-Diner mit blitzendem Chrom und blauen Formica-Tischchen ist schlicht: Würstchen, auch vegetarische, landesübliche Beilagen wie *mushy peas* (musige Erbsen) oder *bubble and squeak* (Bratlinge aus Kartoffeln und gekochtem Kohl) und dazu verschiedene Soßen. Gönnen Sie sich vor allem die hausgemachte Nachspeise!

BOUTIQUE-STYLE

26 Comfort & Joy

109 Essex Road

Anthony Wilson und Ruth Llewellyn bringen in ihrem Fashion-Shop seit der Eröffnung 2000 erfolgreich schicke, originelle und gut gearbeitete Mode an die Frau, sprich treue Kundinnen. Llewellyns Designs aus hochwertigen, auffallenden Stoffen und Retro-Nuancen hängen neben handverlesenen Stücken örtlicher Modeschöpfer. Bei Comfort & Joy wählt man zwischen Einzelstücken oder Blusen, Kleidern, Röcken und Hosen aus Kollektionen mit kleinen Stückzahlen, etwa Blue Stone, der Marke eines japanischen Designers, oder Lumi, einem finnischen Label. Derartig Schönes sucht man in den Shoppingstraßen vergeblich – vor allem zu Preisen, die kaum über denen von Konfektionsware liegen. *Die* Adresse für Leute mit Gespür für modische Entdeckungen.

ITALIENISCHE FUTURISTEN

27 Estorick Collection

39a Canonbury Square

Der amerikanische Schriftsteller und Soziologe Eric Estorick lebte nach dem Zweiten Weltkrieg in England und sammelte mit seiner Frau Salome Dessau italienische Kunst des 20. Jhs. Ab den 1950er-Jahren war die Sammlung in Ausstellungen zu bewundern, aber erst 1998 fand sie in einem restaurierten georgianischen Herrenhaus in einer Seitenstraße des malerischen Canonbury Square eine feste Bleibe. Die Sammlung konzentriert sich auf Werke italienischer Futuristen und gestaltende Kunst der Jahre 1890 bis etwa 1960. Giacomo Balla, Umberto Bossioni, Carlo Carrà, Gino Severini, Luigi Russolo und Ardengo Soffici sind ebenso vertreten wie Giorgio de Chirico, Amedeo Modigliani, Mario Sironi und Marino Marini. Das kleine Museum besitzt eine Bibliothek, ein Café und einen Buchladen.

GUT LEBEN MIT LIFESTYLE

28 Palette London

21 Canonbury Lane

Palette London ist die Schöpfung von Inhaber und Geschäftsführer Marco Ellis, der betont, dass er sich strikt an eine Regel hält: »Wenn ein Stück prachtvoll ist, ungewöhnlich oder hervorragend gestaltet«, zieht er es für sein Sortiment in Betracht. Seine Stärke sind tadellos erhaltene Designermode der 1920er bis 1980er und erlesene Glanzstücke der Couturiers Christian Lacroix, Emilio Pucci, Oscar de la Renta und Comme des Garçons. Auch wenn Vintage-Mode dominiert, Ellis geht es in seinem Shop um ein »umfassendes Lifestyle-Konzept«. Also rundet er seine Palette mit topaktueller Fashion, Möbeln, Wohnaccessoires von Unto this Last (S. 90), Bioprodukten fürs Bad und Tapeten ab.

TOILET &
NURSERY
REQUISITES
PHOTOGRAPHIC
MATERIALS

BOROUGH OF ISLINGTON
ESSEX
ROAD, N.I.

PLANESPOTTING
ITALIAN AVIATION POSTERS 1910 - 1943
39A CANONBURY SQUARE
LONDON N1
HIGHBURY & ISLINGTON
6 FEBRUARY - 28 APRIL 2002
WEDNESDAY TO SATURDAY 11.00 - 18.00
SUNDAY 12.00 - 17.00
INFORMATION 020 7704 9522
www.estorickcollection.com

MADE IN ENGLAND
comfort and joy
Handmade in Islington
12

City
Brick Lane
Shoreditch

1 Kilometer
HOXTON
OLD STREET
CLERKEN-WELL
BARBICAN
CITY
SPITALFIELDS
BETHN GREE
WHITE CHAPE
SOUTHWARK
Haggerston Park
Geffrye Museum
Hoxton Square
Bunhill Fields
Finsbury Square
Finsbury Circus
Old Spitalfields Market
Bank of England
Stock Exchange
St Paul's Cathedral
St Michael's Alley
Goodmans Yard
The Tower of London
St Katherine Docks
Old Billingsgate
River Thames
Millennium Foot Bridge
OLD STREET
BARBICAN
MOORGATE
LIVERPOOL STREET
SHOREDITCH
ALDGATE EAST
ALDGATE
ST PAUL'S
BANK
BLACKFRIARS
MANSION HOUSE
CANNON STREET
MONUMENT
TOWER HILL
New North Road
East Road
New North Rd
City Road
Provost St
Bath Street
Pitfield Street
Old Street
Rivington Street
Curtain Road
Calvert Ave.
Kingsland Road
Geffrye Street
Queensbridge Road
Cremer Street
Hackney Road
Columbia Road
Gosset Street
Warner Place
Shoreditch High Street
Great Eastern Street
Club Row
Bethnal Green Road
Bethnal Green Rd
Sclater St
Cheshire Street
Dunbridge St
Vallance Rd
Leonard Street
Paul Street
Bunhill Row
Goswell Road
Beech Street
Chiswell Street
Wilson Street
Sun Street
Appold Street
Commercial Street
Folgate Street
Brick Lane
Hanbury Street
Wilkes St
Fournier St
Aldersgate Street
London Wall
Moorgate
Bishopsgate
Middlesex Street
Osborn St
Whitechapel Rd
Whitechapel High St
Commercial Road
Houndsditch
St Botolph St
Aldgate High St
Braham Street
Alie Street
Leman Street
Mansell St.
Minories
Aldgate
Leadenhall Street
Fenchurch Street
Prescot St
Royal Mint St
Dock Street
Byward Street
Tower Hill
East Smithfield
Tower Bridge Approach
Tower Bridge
Holborn Viaduct
Farringdon St
King Edward St
Newgate Street
P'noster Row
Gresham Street
Cheapside
Princes St
Threadneedle Street
Cornhill
Lombard Street
King William Street
Gracechurch Street
Ludgate Hill
St Paul's Churchyard
Cannon Street
Queen Victoria Street
Walbrook St
College Hill
New Bridge St
B'friar's P.
Upper Thames Street
Lower Thames Street
K. William St
London Bridge
Southwark Bridge
Blackfriars Bridge

Alt-London, die Quadratmeile, die City – all diese Namen bezeichnen Londons Keimzelle, das ursprünglich von Römern besiedelte Londonium an der Themse. Das heutige Banken- und Börsenviertel ist noch immer durchdrungen vom Nimbus der Jahrhunderte. Der Tower of London aus dem 11. Jh. war die Siegeserklärung von Wilhelm dem Eroberer, St Paul's Cathedral ein Signal der Wiedergeburt nach der großen Pest 1665 und dem großen Feuer 1666 und ein Symbol der Stärke im Zweiten Weltkrieg. Spenser und Chaucer wurden innerhalb der »Square Mile« geboren, Shakespeare feierte hier Erfolge. Nirgendwo ist das Gewebe der Geschichte greifbarer als in der Architektur. Die ältesten, engsten und skurrilsten Straßen mit jahrhundertealten Kneipen heben sich ab von den weiten Brückenbögen und dem verschwenderischen Luxus der Kirchen aus dem frühen 18. Jh. Der Wiederaufbau nach dem Zweiten Weltkrieg belastete sich wenig mit Fragen des Designs. In die alte City ist neues Leben eingekehrt, Gebäude, die lange vom Abriss bedroht waren, werden jetzt durch die Wiederbelebung des Standorts gerettet.

Einer der großen Erfolge einer städtebaulichen Verjüngungskur liegt im Norden der Stadt, in Shoreditch. Das Ödland stillgelegter Fabriken der Leichtindustrie hat sich vom kunstbeflissenen Boheme-Dorf zum fast schon kultigen Stadtviertel entwickelt. In vielen Lofts haben sich Künstler und Galerien eingenistet. Vertieft wird das künstlerische Profil durch die bekannte White Cube Gallery am Hoxton Square, die viel von ihrer anfänglichen Aggressivität, aber nichts von ihrem Biss verloren hat. Wenn Sie nach Innovativem in Mode, Musik oder Kunst suchen, bevor es die großen Boulevards erobert, dann sollte Ihre Suche hier beginnen.

Weiter im Osten, inmitten der Kakophonie von Gerüchen und Bildern namens East End, prallen in der Brick Lane indische Lokale, Lumpenhändler und wunderliche Designexperimente aufeinander und locken eine beachtliche Menge Kreativer an. Spitalfields war eine frühe Hochburg der Nonkonformisten, später jüdisches Getto. Seit den 1960ern leben hier vorwiegend aus Bangladesch stammende Einwanderer. Ihre Kultur durchdrang das Viertel, die Brick Lane wurde zum Synonym für hausgemachtes Curry. Aber der Wandel schreitet fort. Sowohl die Cuisine als auch das kreative Gewerbe erhalten Impulse durch neue Talente. Der Gebäudekomplex der Truman Brewery hat sich zu einem Zentrum von Mode, Kunst und Design entwickelt, und junge Unternehmer führen die Curry-Restaurants aus ihren bescheidenen Ursprüngen. Besonders an Wochenenden herrscht in der Brick Lane Karnevalsatmosphäre, mit wunderbarem Essen und einem sich ständig verändernden Kaleidoskop an flippigen Boutiquen.

S
SPITALFIELDS

ART-NOUVEAU-PUB

1 The Blackfriar

153

CHRISTOPHER WRENS KIRCHE

2 St Stephen Walbrook

Walbrook Street

An dieser Stelle haben immer Kirchen gestanden, die erste bereits vor 1096. Die Vorgängerin des heutigen Gotteshauses aus dem Jahr 1439 wurde 1666 ein Opfer des großen Feuers. Christopher Wren, der Schöpfer der St Paul's Cathedral, baute St Stephen 1679 wieder auf. Dabei verwendete er Elemente, die er später auch für St Paul's aufgriff, zum Beispiel die große zentrale Kuppel. Obwohl St Stephen im Zweiten Weltkrieg durch Bomben beschädigt wurde, sind Teile aus dem 17. Jh. wie Abendmahlgeländer, Kanzel und Taufbecken erhalten geblieben. Sie gewähren einen faszinierenden Einblick in das Denken und die Entwicklung eines der größten Architekten Londons.

SCHIEFE KLEINE KNEIPE

3 Jamaica Wine House

12 St Michael's Alley

Bei der jüngsten Sanierung wurden seine abgesackten Balken neu abgestützt, doch beugt sich Londons erstes Kaffeehaus weiterhin unter seiner langen Geschichte. Das erste Gebäude wurde beim großen Feuer beschädigt, stand aber noch lange genug, um ein bekannter Treff für Zucker- und Rumhändler und Hochseekapitäne zu werden. Das Jamaica Wine House wurde 1869 gegründet und existiert noch heute, versteckt in einem alten Gässchen. Es lockt mit einer großen Auswahl an guten Weinen und Sherrys sowie mit hervorragenden Sandwiches eine gut gekleidete Klientel an.

CHAMPAGNER GANZ OBEN

4 Vertigo42

151

MODERNE KUNST

5 Whitechapel Art Gallery

80–82 Whitechapel High Street

Die engagierte Präsentation hervorragender Werke bekannter und neuer internationaler wie britischer Künstler macht die Whitechapel Art Gallery zu einer der wichtigsten Galerien in ganz London. Sie residiert in einem von Charles Harrison Townsend im Stil der Arts-and-Crafts-Bewegung gestalteten Gebäude weitab jeglicher Touristenpfade am südlichen Ende der Brick Lane. Bereits 1901 gegründet, mit dem Ziel, »den Menschen im Londoner East End große Kunst näher zu bringen«, zählt sie Pablo Picasso, Mark Rothko und Jackson Pollock zu ihren früh ausgestellten Künstlern. In jüngster Zeit haben hier Gegenwartskünstler von internationalem Ruf wie Nan Goldin, Mark Wallinger und Carl Andre ihre Werke präsentiert.

VOM GEMÜSE ZUM VINTAGE

6 Spitalfields Market

Commercial Street

• The Square Pie Company

Spitalfields ist einer der beliebtesten und buntesten Märkte Londons. Bis 1991 war hier der Großmarkt für Obst und Gemüse ansässig. Der Anbau aus den 1920ern ist inzwischen abgerissen worden, aber ein großer Teil des viktorianischen Bauwerks mit dem sehr populären Markt (Montag bis Freitag 9–17 Uhr, Sonntag 9.30–17.30 Uhr) blieb erhalten. Es gibt hier Lebensmittel, Multikulti-Speisen und frisches Brot, aber auch Kunstgewerbliches, Secondhandkleidung, Holzspielzeug, Möbel, Schmuck, Kleidung ... Der beste Tag, um das Angebot in vollem Umfang zu erleben und die Atmosphäre zu genießen, ist der Sonntag. Und täglich außer samstags können Sie sich bei The Square Pie Company bestens stärken. Der rot gekachelte Stand bäckt leckere, echt britische Kuchen – in quadratischer Form, die zum Markenzeichen wurde.

KONSERVIERTE VERGANGENHEIT

7 Dennis Severs's House

18 Folgate Street

Der kalifornische Künstler Dennis Severs verliebte sich in Spitalfields und seine Geschichte, aber seine verblüffende Darstellung des Lebens im London des frühen 18. Jhs. ist ein Erlebnis, das mit Geschichtsstudien und Museen nichts zu tun hat. Severs lebte in einem Haus, das er mit allem Drum und Dran bewahrte. Bis zu seinem Tod 1999 bescherte er Besuchern noch persönlich ein historisches Rundum-Erlebnis: Er setzte alles ein – die Einrichtung und Kunst der damaligen Zeit, Kleidung, Gebrauchsgegenstände und sogar Essen –, um »ihre Sinne zu bombardieren«. »Ich will das 20. Jahrhundert aus ihren Augen, Ohren, aus allem vertreiben«, erklärte er. Das Haus steht Besuchern noch gelegentlich offen, und jede Besichtigung ist wie eine Reise in das Gemälde eines alten Meisters.

HAWKSMOORS TRIUMPH

8 Christ Church, Spitalfields

Commercial Street

Sie gilt als einer der schönsten Kirchenbauten von Nicholas Hawksmoor. Der exzentrische Nachfolger von Christopher Wren ist Protagonist einer fiktiven Biografie des gefeierten Schriftstellers Peter Ackroyd. 1714 wurde die Christ Church gegenüber dem Spitalfields Market errichtet. Ihr überdimensionaler Turm und die schlichte Turmspitze sind klassische Elemente von Hawksmoors Stil, bekannt als »englischer Barock«. Der Portikus sorgt mit vier toskanischen Säulen für ein beeindruckendes Entree, das Innere ist anmutig schlicht.

MODERNE KLEINODE

9 Ben Day

18 Hanbury Street

Nach 16 Jahren als Juwelier in London und L. A. hat sich Ben Day mit Atelier und Ladenräumen im alten Hugenottenviertel seiner Heimatstadt niedergelassen. Sein Geschäft ist ein schimmerndes Kleinod. Hier fertigt er aus farbenfrohen Edelsteinen, Perlen und Edelmetallen Schmuck von kraftvoller Schlichtheit. Er gilt als echter Künstler, und seine Stücke erscheinen häufig in Modemagazinen. Kürzlich trat Selfridges (S. 166) an ihn heran, am neuen Herren-Label mitzuwirken.

CURRY TRIFFT AVANTGARDE

10 Brick Lane

- Tatty Devine, Nr. 236
- Unto This Last, Nr. 230
- Overdose on Design, Nr. 182
- @Work, Nr. 156
- Vibe Bar, Nr. 91–95
- Boiler House, gegenüber der Truman Brewery
- Brick Lane Beigel Bake, Nr. 159
- Le Taj, Nr. 96 und 134

In jüngster Zeit ist Brick Lane zu einem Zentrum der Kunst- und Designavantgarde avanciert. Beginnt man im Norden, wäre da zuerst Tatty Devine. Harriet Vine und Rosie Wolfenden stellen aus Schachfiguren, Maßbändern und Spielkarten Schmuck, Gürtel, Handtaschen und andere Accessoires her. Olivier Geoffroy hat im ehemaligen Pub Unto This Last sein Einrichtungsgeschäft eröffnet, in dem er traumhaft geformte Möbel aus laminierter Birke anbietet (nur sonntags geöffnet!). Kunden können dort mittels 3-D-Computersimulation Stücke betrachten und selbst verändern. Südlich der Bethnal Green Road stößt man auf weitere Spuren der kreativen Invasion: Overdose on Design verkauft auf zwei Etagen Vintage-Möbel, so von Charles Eames und Verner Panton. Einfallsreich und frech ist der kostbare Schmuck in der Ladenwerkstatt von @Work.

Dank der kreativen Szene ist Brick Lane auch ein Epizentrum des Nachtlebens. Vor dem Gelände der Old Truman Brewery (s. u.) liegt die Vibe Bar, eine Institution für Acid, House und Garage. Etwas südlicher führt eine unscheinbare Tür in ein riesiges Lagerhaus: Im Boiler House veranstalten die Betreiber Clubnächte und Ausstellungen. Auch ein legeres Café hat dort Platz gefunden. Wenn nach Stunden auf der Tanzfläche der Hunger kommt, stellen sich Nachtschwärmer in die Warteschlange der rund um die Uhr geöffneten Brick Lane Beigel Bake. An der Truman Brewery beginnt das Reich der indischen und bangladeschischen Restaurants. Den Trend der schlichten Gestaltung und modernisierter Ethno-Cuisine verkörpert Le Taj mit den ideenreichen Speisen aus Indien und Bangladesch.

KAFFEE, KUNST UND KLEIDER

11 Truman Brewery

91–95 Brick Lane

- Café 1001, 1 Dray Walk
- Junky, 12 Dray Walk

Auf dem Gelände der Truman Brewery mit der Brücke über die Brick Lane liegt auch eine Fußgängerzone. Dray Walk ist schlecht beschildert, aber das orange Café 1001 weist den Weg. Hier entdeckt man neben Galerien flippige Geschäfte etwa für schrille T-Shirts und Sportschuhe. Junky, der etwas andere Designershop, verkauft »recycelte« Kleidung, d. h., frühere Kollektionen bekannter Designer werden umgemodelt: ein Herrenjackett zu einem ärmellosen Kleid mit Nackenband oder ein Nadelstreifenanzug zu Patchwork-Röcken.

EINFACH UND ZUVERLÄSSIG

12 Labour and Wait

10 Cheshire Street

In Cheshire Street versammeln sich kuriose Spezialgeschäfte. Rachel Wythe-Moran und Simon Wark entdeckten im Laufe gemeinsamen Arbeitens, dass sie eine »Leidenschaft für gute, funktionale, ehrliche Produkte« verbindet. In ihren Räumen haben sie eine Palette solch »klassischer, zeitloser« Gegenstände arrangiert. Den meisten Dingen, die sie verkaufen, ist eine zenartig funktionale Schönheit eigen – seien es Bleistiftschachteln, Gießkannen, Email- oder Seilerwaren.

BRICK LANE E.I.
ব্রিক লেন

LABOUR AND WAIT
TRADITIONAL PRODUCTS FOR THE HOME
OPEN

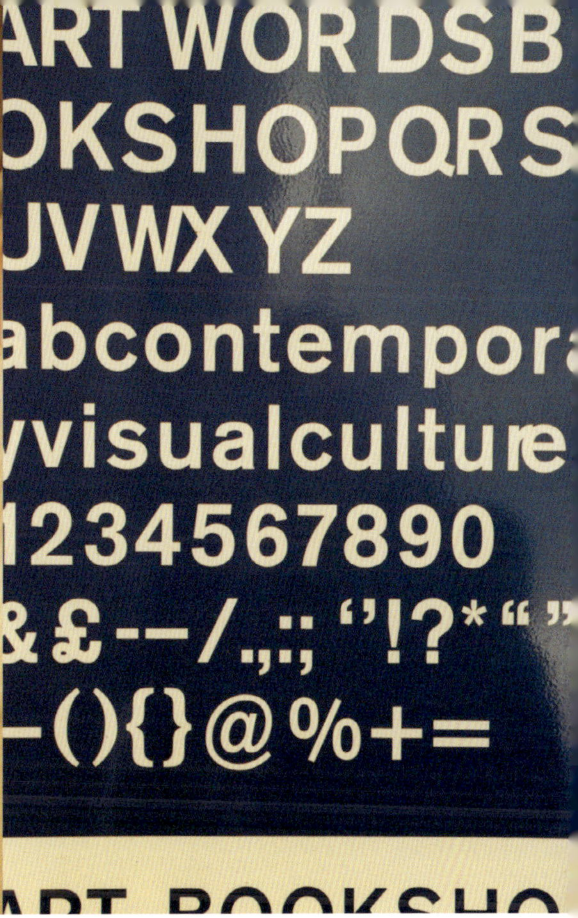

MODECOLLAGEN

13 Pauric Sweeney

25a Pitfield Street

Einige Stücke seiner Kollektion findet man bei Selfridges (S. 166), aber in diesem Geschäft lernt man den »ganzen« Pauric Sweeney kennen. Der irische Modeschöpfer mit einem Faible für Collagen wurde als Schmuckdesigner bekannt und stellte seine erste Modekollektion 2000 im Louvre in Paris vor. Seit 1996 in Shoreditch ansässig, verkauft er hier selbst entworfenen Schmuck, Handtaschen und Prêt-à-porter, vorzugsweise in seinem »Gothic«-Stil. »Unter Termindruck«, erklärt er, neigen »die Dinge dazu, etwas dunkel zu werden«. Sein jüngster Streich sind umgearbeitete Adidas-Trainingsanzüge, verziert mit Fellkragen, Lederapplikationen oder Perlenbesatz. Madonna orderte prompt die gesamte Kollektion. 2004 sorgte er für Stirnrunzeln, als er die Models der Regenbogenpresse in nicht mehr als Accessoires über den Laufsteg schickte.

ALLES ÜBER KUNST

14 bookartbookshop

17 Pitfield Street

Eine Gegend, die so von Kreativität durchdrungen ist wie Shoreditch, braucht unbedingt auch einen schrägen Buchladen zum Thema. Launige, maßgebliche und aktuelle Publikationen verfolgen die neuesten Trends in der in stetem Wandel begriffenen Welt der Gegenwartskunst.

BIER OHNE ENDE

15 The Pitfield Beer Shop

14 Pitfield Street

Wenn Sie unter den mehr als 500 Biersorten inklusive Hausmarke, die hier lagern, nicht finden, was Sie suchen, bestellen Sie es doch einfach – vor Ort oder im Internet. Aber sind Sie erst einmal da, werden Sie sicher ein Schlückchen probieren wollen.

WAHRHAFT EXZENTRISCH

16 The Foundry

84–86 Great Eastern Street

Diese unglaubliche Bar hält der Sanierungswelle, die über die Gegend hinwegfegt, eigensinnig stand. The Foundry ist gewollt unfertig, absolutes Boheme-Szenario. Ausrangierte Fernseher und Computermonitore baumeln von der Decke herab. Ein Arrangement von Spielzeugpuppen hängt in der Nähe des Eingangs. Morgens parkt ein kleiner Transporter schräg vor der DJ-Kanzel und schenkt Kaffee aus – und überall bröckelnder Putz, abblätternde Farbe und abgewetzte Sitzmöbel. Hier herrscht künstlerischer Geist, getragen von einem aufregenden und nicht selten bizarren Programm mit Ausstellungen und Performances.

DIE NACHT DURCH

17 Cargo

158

BERGUNGSGUT

18 LASSCO St Michael's

St Michael's Church, Mark Street

LASSCO ist das Akronym für London Architectural Salvage and Supply Co. Ltd und seit 1979 eine einzigartige Quelle architektonischer und dekorativer Antiquitäten. Die beim Abriss oder bei der Sanierung historischer Objekte geretteten Kostbarkeiten werden in einer viktorianischen Kirche verkauft. Kenner kaufen hier Putten, Kirchenbänke, Wasserspeier von Gebäudefassaden, Glasmalereien und komplette geschnitzte Türstöcke.

KÜNSTLERSCHUPPEN

19 Dragon Bar

156

GLAMOURÖSE KLUNKER

20 Lara Bohinc 107

170

NEUE KULINARISCHE FORMEN

21 Eyre Brothers

70 Leonard Street

David Eyre und sein Bruder Robert sind Gastro-Publizisten par excellence. Mediterran inspirierten Speisen, die er einst testete, hat David Eyre neues Niveau verliehen. Er konzentriert sich auf spanische Zutaten und Aromen mit einem Touch Mosambik, wo die Eyres aufwuchsen. Meerscheiden oder *jamón Ibérico* sind als Vorspeise eine gute Wahl, der Tintenfisch mit geräuchertem Paprika oder Hasenschmortopf als Hauptgang.

SPÄT DINIEREN MIT STIL

22 Home

100–106 Leonard Street

Was als kultige DJ-Ein-Raum-Kellerbar mit mediterraner Küche begann, hat sich in eine Szene-Bar mit Glasfassade und Restaurant verwandelt. Das Home ist zur Einstimmung auf die Bars am Hoxton Square (S. 159) so gut geeignet wie für einen späten Snack – bis 1 Uhr.

WO DIE COOLNESS GEBOREN WURDE

23 Hoxton Square

159

NEU IN DER NACHBARSCHAFT

24 Hoxton Apprentice

16 Hoxton Square

Prue Leith ist der berühmte Gastronom und Koch, der im Hoxton Apprentice jungen Menschen ohne Karrierechancen die Möglichkeit geben wollte, das Restaurantbusiness zu erlernen. Sie zeigen sich engagiert und reichen innovative Cuisine in einem Ambiente, das kultiviert, aber nie prätentiös wirkt. Die Karte ist begrenzt, sodass sich das Personal auf die Qualität konzentrieren kann. Eine Erfolgsstory – vor allem für die Gäste.

BRIT-ART IM EPIZENTRUM

25 White Cube

48 Hoxton Square

Der »Weiße Würfel« ist der Hauptsitz des Kunstmäzens der Avantgarde: Jay Jopling. 180 qm von oben beleuchtete Fläche mit 5 Meter hohen Wänden stehen seinem Künstleraufgebot zur Verfügung, darunter Damien Hirst, Tracey Emin, Nan Goldin und Lucian Freud. Die Galerie gewährt Einblick in zeitgenössische, wenn nicht zukünftige Trends der britischen Kunstszene.

MUTIG UND HIP

26 Kingsland Road

- Viet Hoa, Nr. 70–72
- dreambagsjaguarshoes, Nr. 34–36

In der Kingsland Road taucht man ein in eine verrückte, junge Szene. Das dürftige einstige Ladenschild von dreambagsjaguarshoes lässt nichts von der hippen Atmosphäre ahnen, die Nick und Teresa Letchford im Inneren geschaffen haben. Nördlich der Eisenbahnbrücke, in »Klein-Vietnam«, liegt das Viet Hoa, das viele für das beste vietnamesische Restaurant der Stadt halten.

ENGLISCHES INTERIEUR

27 Geffrye Museum

Kingsland Road

Fans von Wohndesign und dessen Geschichte wird Großbritanniens einziges Museum über englische Wohnmöbel und Innendekoration nicht enttäuschen. Untergebracht ist es in einem Armenhaus des 18. Jhs. und einem bemerkenswerten Anbau von Branson Coates (1998). Gezeigt wird die reichhaltige Sammlung in nachempfundenen Räumen und in chronologischer Folge, von der eichengetäfelten Kammer aus dem 17. Jh. bis zu Interieurs der 1950er und der Gegenwart.

ÜBERSPANNT VERZIERT

28 Les Trois Garçons

1 Club Row

Drei ehemaligen Antiquitätenhändlern ist es gelungen, einen Laden auf der Bethnal Green Road zu einem gastronomischen Schmuckstück aufzupolieren. Die Inneneinrichtung ist ein Aufruhr dekorativer Objekte: Krokodil und ausgestopfter Tiger, Lüster, Modeschmuck. Auf das Wesentliche hingegen konzentriert sich die Karte: Traditionsgerichte mit französischem Esprit, ob Gänseleberpastete, Entenbrust oder Riesengarnelen.

WO DIE BLUMEN SIND

29 Columbia Road

Längst lockt der Blumenmarkt der Columbia Road nicht mehr nur Besucher aus den östlichen Stadtteilen an. Londonweit treibt es Blumenfreunde sonntags früher aus dem Bett, um den Massen auf dem Markt, der um acht Uhr öffnet, zuvorzukommen. Die »erlesenste Auswahl an Pflanzen und Schnittblumen des Landes« und das immer exotischere Angebot der Stände machen ihn zu einem der malerischsten Open-Air-Märkte Europas.

Bunch Roses

WILKES ST

BULB

South Bank
Southwark
Bermondsey

HOLBORN
CITY
SOUTH BANK
SOUTHWARK
BOROUGH
KENNINGTON
BERMONDS
River Thames
Waterloo Bridge
Blackfriars Bridge
Millennium Foot Bridge
Southwark Br.
London Bridge
Tower Bridge
TOWER HILL
The Tower of London
Oxo Tower Wharf
Tate Modern
Shakespeare's Globe
Royal National Theatre
Royal Festival Hall
Jubilee Gardens
London Eye
County Hall
Westminster Bridge
Houses of Parliament
Southwark Cathedral
City Hall
LONDON BRIDGE
Tooley Street
St Thomas Street
Southwark Street
Stamford Street
Holland St
Union Street
Newcomen St
Snowsfields
Bermondsey Street
Druid St
Tower Bridge Road
Druid Street
SOUTHWARK
WATERLOO
The Cut
Blackfriars Road
York Road
Waterloo Road
Webber Street
Baylis Road
Southwark Bridge Road
Marshalsea Rd
BOROUGH
Borough High Street
Long Lane
Great Dover Street
Harper Road
Newington Causeway
Borough Road
St George's Circus
LAMBETH NORTH
Westminster Bridge Road
Lambeth Palace Road
Lambeth Palace Gardens
Lambeth Palace
Lambeth Bridge
Lambeth Road
Imperial War Museum
St George's Road
London Road
Elephant & Castle
ELEPHANT & CASTLE
New Kent Road
Bermondsey Square
Abbey Street
1 Kilometer

Eine Serie von Großprojekten, die in den 1980ern in Angriff genommen wurde und mit der Eröffnung der Tate Modern im Jahr 2000 ihren Höhepunkt fand, hat die South Bank, das Südufer der Themse, in ein attraktives Stadtviertel verwandelt. Bis zu den prestigeträchtigen Bauten Tate Modern (S. 101) und Globe Theatre (S. 102), die beträchtliche Besuchermengen – Touristen wie Einheimische – anziehen, war es früheren Maßnahmen nicht gelungen, den Gebieten am Fluss neues Leben einzuhauchen. Das South Bank Centre, Butler's Wharf und das Design Museum blieben vereinzelte Versuche, die nie wirklich nennenswerten Einfluss gewannen. Aber was einst nur gut gemeinte, jedoch grundverschiedene Wagnisse waren, reiht sich heute zu einer wahren Perlenkette an Attraktionen auf. Das London Eye genannte Riesenrad, ein fantastisches Beispiel britischer Ingenieurkunst, und das eiförmige Greater London Authority Building von Stararchitekt Norman Foster sind angemessene Symbole der inzwischen arrivierten South Bank. Der Thames Walk auf der Südseite eröffnet Ausblicke auf das prächtige Nordufer der Themse und ermöglicht Einblicke in eine ganz andere Seite von London südlich des Flusses.

Groß angelegte Bauprojekte und die Umgestaltung und Erneuerung vorhandener Substanz haben Gegenden regeneriert, die vom Verfall gezeichnet waren. In dem Borough genannten Gebiet direkt hinter der Tate Modern werden reihenweise Lofts saniert, und Designerateliers überschwemmen die Gegend. Märkte wie Borough (Obst, Gemüse, Spezialitäten) und Bermondsey (Antiquitäten), die seit Jahren, wenn nicht Jahrhunderten florieren, ziehen jetzt eine wohlhabendere Klientel und Touristen an. Der Oxo Tower hat große Architektur und innovatives Design in das Viertel gebracht. Das legendäre Old Vic Theatre (S. 105) ist zu neuem Leben erwacht: Erst nahm sich eine Stiftung seiner an, dann sorgte Schauspieler Kevin Spacey als Regisseur für Furore. Auch die Millennium Bridge bringt neue Impulse: Besucher der St. Paul's Cathedral und City-Banker in der Mittagspause spazieren über die Themse in eine andere Welt.

Verglichen mit anderen Stadtteilen gibt es hier noch relativ wenig angesagte gastronomische Locations. Das wird sich jedoch ändern. Mehr und mehr design- und modebewusste Trendsetter zieht es in die Gegend. Kunstsinnige Cafés, Galerien und sogar Gastro-Pubs gewinnen an Boden, wenngleich es noch kein Hotel für die kultivierte Schickeria gibt. Wandern Sie den Thames Walk entlang, können Sie in einem der Museumsrestaurants essen – einige sind wirklich sehr gut, z. B. People's Palace im South Bank Centre (S. 102). Oft aber lohnt sich ein Umweg, um die Lokale zu finden, die eher die trendigen Anwohner als die Touristen bedienen.

DAS JAHRTAUSENDRAD

1 London Eye

Jubilee Gardens

Es war ein Millenniumprojekt, das ohne öffentliche Zuschüsse auskam und nur wenig Medienrummel auslöste – und ihm war nachhaltiger Erfolg beschert. Vor den neuen Jubilee Gardens zwischen Royal Festival Hall und County Hall steht das von den Architekten David Marks und Julia Barfield ersonnene Riesenrad London Eye – ein anmutiger Gigant, der Formgebung und Ingenieurkunst auf das Schönste vereint. Jede Glaskapsel nimmt bis zu 20 Personen auf und gewährt vom höchsten Punkt auf 135 Metern über der Themse eine grandiose Panorama-Aussicht aus der Vogelperspektive. Während der aufregenden Fahrt erlebt man eine volle Umdrehung der 32 Kapseln – sie dauert eine halbe Stunde.

AUSSICHT MIT FLUSS

2 Oxo Tower

Bargehouse Street

Vor 1996 gab es praktisch keinen Gourmettempel mit Themse-Panorama. Die Restaurierung des Oxo Tower hat das geändert, als das von Lifshutz Davidson gestaltete und in Zusammenarbeit mit dem Luxuswarenhaus Harvey Nichols betriebene Restaurant mit Brasserie auf der obersten Etage des alten Turmbaus eröffnete. In dem Gebäude, das früher einem bekannten englischen Brühwürfelhersteller gehörte, gibt es sowohl günstige Mietwohnungen als auch Ateliershops für 33 Designer und Handwerker auf der ersten und zweiten Etage. Das Restaurant und die Brasserie-Bar bieten eine atemberaubende Aussicht und eine Terrasse im Freien. Die Preise tendieren dazu, sich auf die Aussicht statt auf die Qualität des Essens zu beziehen. Wenn Sie die Wahl haben, ist die wechselnde internationale Speisekarte der Brasserie der bessere Tipp.

NEU, COOL UND SLAWISCH

3 Baltic

74 Blackfriars Road

Schick, elegant und osteuropäisch – das Baltic verbindet eine zeitgemäße Sicht der slawischen Küche mit einem coolen, geschmackvollen Ambiente, das man eher im West End als auf der Südseite der Themse erwarten würde. Die hohen, offenen Räume – früher eine Karosseriewerkstatt – wurden einem umwerfenden Facelifting unterzogen. Die einfallsreiche Speisekarte schlägt würzige Langusten in Wodkabutter oder Wildbret mit Kirschen vor und zwischendurch Kaviarhäufchen, Rote Bete und Blini. Der Service ist ebenso angenehm dezent wie die Innengestaltung und die Jazzmusik. Das schöne Ambiente und die originellen Gerichte locken auch viele Gäste aus dem Banken- und Börsenviertel jenseits des Flusses hierher. Eine raffinierte Bar reicht eine Vielzahl polnischer Wodkas und eine Palette höchst interessanter Cocktails auf Wodkabasis.

DIE MACHT DER KUNST

4 Tate Modern

Bankside

Das alte Kraftwerk Bankside Power Station ging 1963 in Betrieb. Schon 1990 stillgelegt, war es für viele ein Schandfleck. Nicholas Serota, dem Leiter der Tate Gallery, und den Architekten Herzog & De Meuron ist die geniale Verwandlung des wuchtigen Gebäudes in die Tate Modern zu verdanken, einer Weltklasse-Sammlung internationaler Kunst von 1900 bis zur Gegenwart, u. a. mit Werken von Dalí, Picasso und Matisse, aber auch von Gegenwartskünstlern. Die einstige Turbinenhalle zieht sich über die gesamte Länge des Komplexes. Sie bildet das grandiose Foyer, das wie das Innere einer Kathedrale anmutet. Neben der Kunstgalerie mit ständigen und wechselnden Ausstellungen gibt es im Parterre ein Café und die größte Kunstbuchhandlung Europas. Das Restaurant auf der obersten Etage mit Blick auf die Themse serviert moderne britische Cuisine.

BOOTWEISE KUNST

5 Tate to Tate Boat Service

Kai vor Tate Britain bzw. Tate Modern

Thames Clippers hat mit dem Tate to Tate Boat im Mai 2003 einen kunstfreundlichen Fährdienst zwischen Tate Modern (S. 101) und dem Tate Britain Museum gestartet. Das Schiff, das auch am London Eye (S. 100) anlegt, ist eine auffällige Erscheinung – die bunte Tupfenpracht war ein Auftragswerk des britischen Künstlers Damien Hirst. Und während man zwischen den kulturellen Brennpunkten pendelt, genießt man eine fantastische Aussicht auf die Highlights am Ufer, auf Houses of Parliament, South Bank Centre und Somerset House.

GENIALE INGENIEURLEISTUNG

6 Millennium Bridge

Bankside

Der Wettbewerb für den Bau einer Fußgängerbrücke über die Themse, die Tate Modern und St. Paul's Cathedral verbinden sollte, hat die wohl schönste und dramatischste Brücke Londons hervorgebracht. Von Norman Foster in enger Zusammenarbeit mit dem Bildhauer Anthony Caro und dem Ingenieurbüro Arup entworfen, ist die seit über 100 Jahren erste Fußgängerbrücke Londons künstlerisch und technisch ein Meisterwerk. Die 325 Meter lange, flache, klingenförmige Hängebrücke basiert auf einer völlig neuen Hängekonstruktion. Es ist ein unvergessliches Erlebnis, nach einem Abend im Globe oder einem Dinner in der Tate Modern bei Mondlicht über die Millennium Bridge auf die grandiose, beleuchtete Silhouette von St. Paul's zuzuwandern. Dieser Spaziergang ist übrigens auch bei Tag eindrucksvoll.

FRÖHLICHE WIEDERAUFERSTEHUNG

7 Shakespeare's Globe Theatre

21 New Globe Walk, Bankside

Der Traum des amerikanischen Schauspielers Sam Wanamaker – Shakespeare's Globe Theatre neu erstehen zu lassen – wurde 1997 wahr. Es ist eine getreue Rekonstruktion des elisabethanischen Theaters, mit hölzerner Freilichtbühne, strohgedecktem Dach und nicht überdachtem »Yard«, wo die »Groundlings« – für nur einen Penny Eintritt – standen und den Schauspielern mit Zwischenrufen zusetzten. Heute können sich Besucher für fünf Pfund in den Yard stellen. Die Aufführungen, die sich meist eng an elisabethanische Vorlagen halten, genießen bei Theaterkritikern wie Publikum hohes Ansehen. Sie finden bei jedem Wetter statt.

SELTEN UND VERGRIFFEN

8 Marcus Campbell Art Books

43 Holland Street

Nach der Tate Modern könnte ein Besuch bei Marcus Campbell genau das Richtige für Sie sein – Sie müssen dafür nur die Straße überqueren. Der Buchhändler hat sich auf Kunst und Künstler des späten 20. Jhs. spezialisiert. Sein besonderes Augenmerk gilt seltenen und vergriffenen Kunstbüchern von und über Persönlichkeiten wie Sol LeWitt, Ed Ruscha, Marcel Broodthaers, Lawrence Weiner und Gilbert & George.

KUNST-MAGNET

9 South Bank Centre

- Hayward Gallery
- Royal Festival Hall
- People's Palace

Auch wenn viele das South Bank Centre als Beton-Monstrosität empfinden, die Bedeutung des 1951 als Mittelpunkt für das zukunftsorientierte Festival of Britain errichteten Gebäudes als eine von Londons wichtigsten kulturellen Attraktionen ist unbestritten. Die Hayward Gallery widmet sich vorrangig Werkschauen moderner und zeitgenössischer Kunst. Die drei Auditorien, die Ausstellungen und Freilichtaufführungen des South Bank Centre locken viele Besucher an, aber erst seit kurzem lässt es sich hier auch gut speisen. In der dritten Etage der Royal Festival Hall befindet sich das People's Palace. Die Karte ist bewusst britisch mit modernem Touch, die Aussicht in dem von Allies & Morrison in dramatischem Minimalismus gestalteten Raum mit Bar und 36 Meter langer Glasfront atemberaubend.

ESSEN, HERRLICHES ESSEN

10 Anchor & Hope

36 The Cut

In den Wirren des Restaurantkriegs zwischen den britischen Gastro-Pubs behauptet sich Anchor & Hope mit reichhaltiger, herzhafter Kost. Ob Sie Moorhuhn oder Krickente, Hering oder Schinken wählen, immer runden Beilagen die Gerichte perfekt ab: Rotkohl, Kartoffelküchlein in Entenschmalz, Linsen, Pflaumen, Feigen oder grüne Salatbuketts. Lassen Sie sich vom rustikalen Interieur nicht täuschen: Die Küchenchefs, die zuvor im St John (S. 144) und dem erfolgreichen Gastro-Pub Fox wirkten, stellen seit der Eröffnung 2003 eine preisgekrönte Speisekarte auf. Man kann nicht reservieren, aber früh dort zu sein schützt vor Enttäuschungen.

The
Peoples Palace

CITY CRUISES

301 PETER LEHMANN ... AUSTRIA 16.00
305 BETHANY RIESLING, EDEN VALLEY, STH AUSTRALIA CHL. 18.75
5 DR UNGER, GRUNER VELTLINER, 2000 CHL. 30.75
22 VIU MANENT, COLCHAGUA, CHARDONNAY, 2000 CHL. 14.75
26 MONTE VERDES, SAUVIGNON BLANC, MAIPO, 2000 CHL. 18.75
24 CATENA. CHARDONNAY VINTAGE 2000 ENG. 28.75
311 VISTA SUR, SAUV. BLANC, CENTRAL VALLEY, 2000 FR. 13.50
100 GRIBBLE BRIDGE, ORTEGA, BIDDENDEN, 2000
31 CHABLIS, DOMAINE DU COLOMBIER, 2000 FR.
35 L'EMBLEME, COLOMBARD, 2000 FR.
41 ST. VERAN, CHATEAU FUISSE, 2000 FR.
49 MUSCADET SUR LIE, DOMAINE DU VERGER, PAPIN, 2000 FR.
56 VIOGNIER, GERARD BETRAND, VIN DE PAYS D'OC, 2000 FR.
302 LOUIS JADOT BOURGOGNE CHARDONNAY, 1999 FR.
58 SANCERRE, DOMAINE DU NOZAY, LOIRE 2000 GER.
60 URZIGER WURZ KABINET 1996 GER.
62 URZIG ERDEN LIESEN TREPPCHEN RIESLING AUSLESE ISRAEL
65 YARDEN CHARDONNAY, 2000 (KOSHER) IT.
72 GAVI DI GAVI "LA GIUSTINIANA" 2000 IT.
70 BIANCO GHIBELLINO. NEBBIOLO 1999 IT.
PINOT GRIGIO, I FUEDI DI ROMANS, 2000 LUX.
82 RIVANER, DOMAINE CEPS D'OR, 1998 NZ.
68 KIM CRAWFORD, PINOT GRIS, 2001 NZ.
86 SPY VALLEY, MARLBOROUGH, SAUV. BLANC, 2001 NZ.
88 KIM CRAWFORD, MARLBOROUGH, DRY RIESLING, 2001 PORT.
92 ESPIGA BRANCA, ESTRAMADURA, 2000 SA.
95 NICOLE'S HAT CHENIN/RIESLING, 2001 SA.
112 WATERSIDE WHITE, GRAHAM BECK, CHARD/COLUMBARD S.A.
113 OLD VINES, CHENIN BLANC 2000 SP.
110 TRES OLMOS, REUDA SUPERIOR, VERDEJO, 2000 SP.
119 XAREL-LO, RAVENTOS I BLANC, PENEDES, 2000 SP.
121 TORRES FRANSOLA PENEDES, SAUV. BLANC, PARELLADA SP.
308 MUGA BLANCO, RIOJA, VIURA MALVASIA, 2000 US.
310 LOLONIS PRIVATE RESERVE CHARDONNAY, MENDOCINO US.
131 BERINGER FUME, NAPA VALLEY, SAUV. BLANC, 1999
135 GLEN ELLEN WINERY, CALIFORNIA, CHARDONNAY, 1998
307 BEAULIEU VINEYARD. COASTAL CHARD. CALIFORNIA, 1999
309

NEUER KOPF AUF ALTEN SCHULTERN

11 Old Vic Theatre

Waterloo Road

Dieses 1818 gegründete Theater ist eines der ältesten Londons und der letzte erhaltene Spielort der Regency-Zeit. Obwohl Laurence Olivier, John Gielgud, Alec Guinness, Ralph Richardson, Peter O'Toole, Judi Dench und Maggie Smith auf seinen Brettern standen, schien es 2000 um seine Zukunft nicht gut bestellt. Als es zum Verkauf stand, rettete eine Stiftung das Old Vic. Das Publikumsinteresse kehrte mit Kevin Spacey zurück. 2004 übernahm der Mime das Haus als Intendant. Die Kritikerreaktion auf seine erste Produktion – die schwarze Komödie *Cloaca* der Niederländerin Maria Googs – war geteilt. Aber solche »Kinderkrankheiten« können die strahlende Zukunft, die man dem Haus unter Spaceys künstlerischer Leitung voraussagt, kaum trüben.

STADT DER WEINE

12 Vinopolis

1 Bank End

»Lassen Sie Ihren Geist entschweben, geben Sie sich Ihren Sinnen hin!« Das ist das Motto dieses modernen Weintempels an der South Bank. Ein Museum, das zu einer interaktiven virtuellen Tour durch die Weinregionen der Welt einlädt, wartet mit genug Geschichte und Informationen auf, um Sie zu berauschen. Sie müssen jedoch nicht auf dem Trockenen sitzen: Weine stehen entlang des Rundgangs zum Verkosten bereit und werden im Laden in großer Vielfalt verkauft. Wenn Sie nur auf ein Glas vorbeischauen möchten: Die Auswahl an offenen und Flaschenweinen in der Wine Wharf Bar und im Restaurant Cantina Vinopolis ist riesig.

ECHT GOTISCH

13 Southwark Cathedral

Montague Close

Die älteste gotische Kirche Londons wurde 1220 als St Marie Overie erbaut und 1539 Pfarrkirche von St Saviour, Southwark. Sie hatte Feuer und Zeiten der Verwahrlosung überdauert, als die Gemeinde sie 1614 von James I. kaufte. 1689 vollendete man den Turm. Unter den wunderbaren Votivgaben, Denkmälern und Spenden im Inneren befinden sich das in Eiche geschnitzte Abbild eines Ritters aus dem 13. Jh. und ein weiteres von John Gower, einem Dichterfreund von Chaucer (Chaucers »Canterbury-Tales«-Pilger begaben sich von einem Ort ganz in der Nähe auf ihre Reise). Im Südwestportal erkennt man Spuren der gotischen Arkaden, die nach dem Feuer 1206 erneuert wurden. Im nördlichen Seitenschiff stehen zwölf Schlusssteine des Holzgewölbes aus dem 15. Jh., das 1830 einstürzte. Sie stellen Laster wie Bosheit, Völlerei und Falschheit dar, aber auch heraldische Sonnenblumen und Rosen. Pfeiler, Kanzel und andere Elemente aus dem 13. Jh. blieben gemeinsam mit herausragenden Stücken späterer Zeit erhalten. Das Shakespeare-Denkmal stammt aus dem 20. Jh., allerdings befindet sich hier die Grabplatte von Edmund, dem 1607 verstorbenen Bruder des Dichters.

HISTORISCHES VERGNÜGEN

14 The George Inn

77 Borough High Street

An der Borough High Street liegt der mit Kopfstein gepflasterte Innenhof von Londons letzter erhaltener Kutschenstation mit Galerien – das seltene Beispiel eines mittelalterlichen Pubs. Mehr als einmal entging das nach einem Feuer 1676 wieder aufgebaute Gebäude der Abrissbirne. Heute steht es unter Denkmalschutz. Seine charakteristischen, einst weiß getünchten Wände, Eichengebälk und Sprossenfenster beschwören längst verflossene Epochen herauf. Dickens, so heißt es, sei Stammgast in einer der zimmergroßen Bars im Parterre gewesen. Die ehemaligen Schlafkammern oben sind längst zu Restaurants und Kneipen umgebaut worden, aber sie haben nichts von ihrem Charakter verloren.

CONRANS REICH

15 The Gastrodome

Shad Thames

Terence Conran hat einen langen Weg zurückgelegt, seit er 1952 mit der Möbelherstellung begann. Erst kam Habitat und die Designerladenkette gleichen Namens, dann wandte er sich dem Essen zu – und seitdem hat sich die Londoner Gastroszene grundlegend gewandelt. Conrans Restaurants und Gourmetshops am Südufer der Themse gaben zusammen mit dem Bau des Design Museum (S. 107) maßgebliche Impulse für die Neubelebung der Gegend. In einem einzigen Gebäude befinden sich das unerschrocken britische Butler's Wharf Chop House, das kultivierte, auf Meeresfrüchte spezialisierte Pont de la Tour mit französisch inspirierter Küche und die legere italophile Cantina del Ponte. Conran unterhält noch zehn weitere Restaurants in nobleren Vierteln, die Lage des Gastrodome an der Themse mit dem umwerfenden Blick auf den Tower und die Stadt ist jedoch unübertroffen.

KUNSTVOLL ZU MITTAG ESSEN

16 Delfina

50 Bermondsey Street

In einer stimmungsvollen Straße liegt das Delfina, ein ehemaliges Lagerhaus, das die Mäzenin Delfina Entrecanales in Künstlerateliers umwandelte. Das Café der künstlerisch ambitionierten Mieter wurde schnell zum beliebten Mittagslokal. Vor allem unterstützt es das Atelierprogramm. Die weißen Wände liefern den passenden Hintergrund für die wechselnden Exponate. Kunstwerke sind auch die Weinetiketten der für den Turner-Preis nominierten Tacita Dean. Maria Eilia ist die Künstlerin in der Küche: Sie zaubert modern-mediterrane Gerichte, wie kurz gebratenen Thunfisch und Chorizo-Risotto, für eine alle 14 Tage neue Speisekarte.

MUSTERKINDER

17 Eley Koshimoto

168

ARCHITEKTUR UND STOFFE

18 Fashion and Textile Museum

83 Bermondsey Street

Die extravagante Modeschöpferin Zandra Rhodes und der mexikanische Architekt Ricardo Legorreta haben sich zusammengetan, um die Straßen von Bermondsey mit einem neuen Museum für Mode aufzurütteln. Die für Legorreta typischen Farborgien – leuchtendes Orange und Pink – übertragen Rhodes' modischen Stil auf das Gebäude. Laut Rhodes ist das Museum »das erste seiner Art, ein Schaukasten einheimischer und internationaler Modeschöpfer und Textildesigner«. Es fördert auch talentierte Mode- und Designstudenten. Das Innere dieses jüngsten, groß angelegten Architekturprojekts ist ebenso auffallend wie sein Äußeres – mit plastischen, monochromen Flächen in Weiß, Pink oder Blau.

LEGENDÄRE ANTIQUITÄTEN

19 Bermondsey Market

Bermondsey Square

Dieser Markt, der vor dem Morgengrauen beginnt und nur an Freitagen abgehalten wird, ist unter Londonern Legende. Gewiss trägt zur Faszination bei, dass Objekte, die vor Sonnenaufgang verkauft werden, nicht unter das Gesetz gegen Hehlerei fallen. Tatsache ist, dass der beliebte Antiquitätenmarkt im Wesentlichen ein Jagdrevier für Händler und eingeweihte Frühaufsteher ist – nach 9 Uhr steigen die Preise. Schmuck und Silber sind Grundpfeiler des Geschäfts, aber auch Gemälde, Porzellan, Teppiche und allerlei Krimskrams gibt es zu fairen, oft noch verhandelbaren Preisen.

DESIGN IM RAMPENLICHT

20 Design Museum

28 Shad Thames

Es war das erste Museum der Welt, das sich der Formgebung widmete: Sammlung und Ausstellungen des blendend weißen Design Museum erschließen der Allgemeinheit die Welt der Produktgestaltung. Unter der dynamischen Direktorin Alice Rawsthorn präsentieren die breit gefächerten Ausstellungen alle Facetten der Formgebung vom Industriedesign bis hin zu Mode und Architektur. Von ihrer Fantasie zeugen die jüngsten Ausstellungen: über die Gebrüder Bourellec – die Lieblinge der französischen Wohndesign-Szene – oder »When Isabella met Philip«, eine Werkschau der von Philip Treacy (S. 167) für die Modeschöpferin Isabella Blow entworfenen Hüte. Die Buchhandlung bietet auch Designobjekte – und das Blue Print Café serviert als Beilage zu seinen modernen Interpretationen traditioneller Gerichte einen überwältigenden Blick auf die Stadt.

Schlafen • Essen • Trinken
Shopping • Raus aus der Stadt

Schlafen

Londons exklusivste Hotels sind berühmt für ihren diskreten Service und ihren aufmerksamen Blick für Details. Obwohl London erst seit verhältnismäßig kurzer Zeit auf den globalen Trend hin zu individualistischen und schicken Herbergen reagiert, gibt es in der Stadt eine unvergleichliche Vielfalt an Unterkünften, von ultramodern bis raffiniert traditionell. Hier finden Sie eine exklusive Auswahl der besten verschwiegenen Zufluchten, kleine Idyllen (mit drei Zimmern und mehr) inmitten der modernen Welt, prunkvolle Schlupfwinkel und überschwängliche Hymnen auf den Minimalismus, in deren eigenwilligem Charakter sich das Charisma und die Fantasie ihrer Gründer spiegeln.

BEHAGLICH URBANE BLEIBE

72 **The Zetter**

5 86–88 Clerkenwell Road

Zimmer ab £ 150

Historische Baukunst und das Flair zeitgenössischen Designs; hochmoderner Komfort und ein Bewusstsein für die Umwelt; topaktuelle Lage und vernünftige Preise – The Zetter steckt voller Kontraste. Michael Benyan und Mark Sainsbury hatten bereits einige Restaurants zum Erfolg geführt, z. B. The Quality Chop House (S. 76) und das Moro (S. 77) im Team mit Sam und Sam Clark, bevor sie dieses Projekt angingen. Im Zetter kombinierten sie elegante Bar und Restaurant im Erdgeschoss mit Zimmern, die sich in den darüber liegenden Etagen um das Atrium gruppieren. Sie kreierten »ein urbanes Gasthaus der Gegenwart«, in dem Menschen »sich verabreden, essen oder übernachten« können. Dabei gelang es, einem viktorianischen Lagerhaus mit minimalen, aber effektvollen Designelementen einen trendigen Touch zu verleihen. Das mit 59 Zimmern auf fünf Etagen überschaubare Hotel bietet Qualität und Komfort auf anspruchsvollem Niveau. Neu entstanden sieben Studios mit deckenhohen Fenstern und eigener Dachterrasse.

Mit einem designbewussten Auge ausgewählte Kunstwerke, Textilien und Tapeten-Wandpaneele verleihen den großzügigen Räumen einen glamourösen Touch, und aufmerksame Details wie Wärmflaschen und Bücher aus der eigenen Bibliothek sorgen für Behaglichkeit. Die Ausstattung spricht auch für Umweltbewusstsein: Die Badewannen und Waschbecken bestehen aus recyceltem Kunststoff, und das Atrium ermöglicht eine natürliche Belüftung. Der hauseigene Brunnen liefert nicht nur Wasser für die Klimaanlagen, sondern auch das Tafelwasser. Das Zetter liegt zentral zwischen der Finanzwelt der City, dem kultursinnigen Bloomsbury und Clerkenwells Künstlerszene – ein ideales Sprungbrett, um in Londons gegensätzliche Erlebniswelten einzutauchen. Direkt hinter dem Hotel, am St John's Square, haben sich in den Penneybank Studios englische Kunstgewerbler angesiedelt. Ein Besuch bei Her House (S. 76) um die Ecke vermittelt einen ersten Eindruck von der britischen Designszene, und das St John (S. 144), eines der besten Beispiele für britische Kochkunst, ist nur wenige Gehminuten entfernt.

1740

1740

LITERATENNEST

42 **Hazlitt's**

39 6 Frith Street, Soho Square

Zimmer ab £ 240

»In der Kunst, im Geschmack, im Leben und in der Rede entscheidet das Gefühl, nicht der Verstand«, schrieb 1822 William Hazlitt, der große Essayist, Kritiker und Biograf Napoleons. Von dieser Idee inspiriert, machten sich Douglas Bain und Peter McKay daran, drei der authentischsten und eigenwilligsten Häuser von Soho in ein Zuhause auf Zeit zu verwandeln. Das 1718 erbaute Gebäude war bereits eine Pension, als Hazlitt hier nach, wie es heißt, übermäßigem Teegenuss am 18. September 1830 starb. Umgeben von Restaurants, Bars und Kreativagenturen, ist das Hazlitt's eine diskrete und behagliche Zuflucht vor der Welt von heute. Gäste, die den Inbegriff des England von einst erleben möchten, werden nach ihrem Besuch das sein, was Hazlitt sich für seinen Grabstein als Inschrift wünschte: »zufrieden und dankbar«.

Trotzdem sollten Sie sich von den Himmelbetten mit Schnitzwerk, den viktorianischen Badewannen mit Löwentatzen, den prächtigen, kühnen Farben der Wände und Stoffe (das Hotel wurde 2001 neu gestaltet), den kleinen Wohnzimmern, den unebenen Böden und dem fehlenden Aufzug nicht täuschen lassen – dies ist ein Lieblingsschlupfwinkel von Antiquitätensammlern, Würdenträgern und Medienleuten, die das Besondere, das der modernen Welt fehlt, im Hazlitt's genießen. Der Service ist modern und die Ausstattung zeitgemäß – ein Kontrast, der Hazlitt sicher nicht gestört hätte.

GEFÄHRLICHE LIEBSCHAFTEN

28 **Cadogan London**

20 75 Sloane Street

Zimmer ab £ 290

Das luxuriöse, 1888 vollendete Cadogan London ist eng mit den Namen seiner beiden berühmtesten Bewohner verknüpft: Lillie Langtry und Oscar Wilde. Die Schauspielerin und Mätresse Edwards VII. wohnte im Haus Nr. 21 Pont Street, das später Teil des Hotels wurde. Wilde war ein großer Bewunderer ihrer Bühnenkunst und logierte u. a. im Cadogan, um in ihrer Nähe zu sein. 1895 wurde er hier wegen Unzucht verhaftet. Sein Zimmer, Nummer 118, trägt heute seinen Namen. 2003 übernahm Grace Leo-Andrieu von GLA Hotels die Leitung des in die Jahre gekommenen edwardianischen Hotels und renovierte die ersten beiden Etagen. Üppige, edle Vorhänge, poliertes Holz und eindrucksvolle Proportionen geben den Gesellschaftsräumen im Parterre ihren historischen Glanz zurück. Selbst dem Konferenzsaal haftet nun etwas von der Eleganz des ausgehenden 19. Jahrhunderts an.

Die Bravourstücke des Cadogan aber sind die nach seinen legendären Gästen benannten Zimmer. Der Lillie Langtry Room ist ein Boudoir: daunenweich und blütenzart. Das Dekor ist ein Traum aus roséfarbener Spitze, Seide und Federboas. Zu all der weiblichen Finesse kommt der herrliche Blick auf den Sloane Square. Die Ausstattung im Oscar-Wilde-Zimmer mit schokobraunem Samt und silbrigem Taft ist maskuliner, aber nicht weniger verschwenderisch. Highlight des Eckzimmers ist ein wundervoller Erker. Die anderen Zimmer sind zurückhaltender eingerichtet, verbindende Elemente aber sind stets das edle Mobiliar und luxuriöse Stoffe. Auf den oberen Etagen, die Leo-Andrieu noch nicht umfassend renoviert hat, frischen moderne Details den altmodischen Charme der Zimmer auf. Gäste haben nicht nur Zugang zu den Cadogan Gardens, dem idyllischen Park gegenüber, sondern auch zu den dortigen Anwohner-Tennisplätzen. Zum Shoppen und Essen in Pont Street, am Sloane Square oder dem größten Teil von Knightsbridge kann man bequem zu Fuß gehen. Krönen Sie Ihren Besuch mit einem kulinarischen Erlebnis der zeitgenössischen Art bei Tom Aikens (S. 145).

72 The Rookery

2 Peter's Lane, Cowcross Street
Zimmer ab £ 270

Über einen unauffälligen Zugang in einer verkehrsberuhigten Seitengasse des betriebsamen Smithfield Market gelangt man zu dieser Herberge, die wie ein Privathaus wirkt. Drinnen wählt der Gast unter 33 ausgefallen eingerichteten Schlafzimmern, von denen jedes nach einer historischen Figur benannt ist, die in der Nähe lebte. Das verleiht den vier georgianischen Stadthäusern, aus denen das Hotel im ureigensten Londoner Stil besteht, echte Persönlichkeit. Smithfield war einst für seine Gesetzlosigkeit berüchtigt, lag es doch außerhalb der Londoner Gerichtsbarkeit. Solche Gegenden nannte man *rookeries* (»Krähennester«), und obwohl es heute in Smithfield von elegant gekleideten City-Workers und Restaurantbesuchern wimmelt, haftet seiner Atmosphäre noch etwas von der aufregenden Vergangenheit an.

Man sieht es sofort, in The Rookery steckt Herzblut – das seiner Schöpfer Douglas Bain und Peter McKay. Sie haben Alt und Neu kunstvoll verwoben. Obwohl alle Annehmlichkeiten auf dem neuesten Stand sind, war man bei Sanierung und Restaurierung der alten Einrichtungen und Möbel – Schränke, Sekretäre, große geschnitzte Himmelbetten oder barocke Bettstellen, historische Eichentäfelungen, ja sogar viktorianische Kommoden – sehr behutsam. Bain und McKay nutzten ihr profundes Wissen über Antiquitäten, geleitet von der Idee, dass »Geschichte immer attraktiver ist, wenn man sie etwas entstaubt hat«. Fähige Handwerker wurden angeheuert, um die historischen sanitären Anlagen an moderne Leitungssysteme anzupassen.

Glanzstück des Hotels ist »Rook's Nest«, eine mit Fingerspitzengefühl für die Epoche gestaltete Suite auf der obersten Etage – erweitert um einen Badekarren im Stil der Zeit König Edwards. Überwältigend ist ein zuerst nicht sichtbares Detail: Auf Knopfdruck öffnet sich die Decke. Eine kleine Treppe führt in ein Wohnzimmer auf Dachhöhe, von dem aus der Gast seinen ganz privaten Panoramablick über London genießt. Die Räume weiter unten sind nicht ganz so (höhen-)berauschend, aber um nichts weniger luxuriös.

STILVOLL IRONISCH

60

The Sanderson

13 50 Berners Street

Zimmer ab £ 260

Neobarock, eine Studie in Weiß, ein skurriler, wenn nicht surrealer Mischmasch aus schrägen Möbeln in einem Sechzigerjahre-Büroblock unter Denkmalschutz – die gestalterische Ironie solchermaßen auf die Spitze treibt Ian Schragers siebtes Hotelmeisterwerk (und Gemeinschaftsprojekt mit Philippe Starck) nördlich von Soho. Der, in Schragers Worten, »urbane Kurtempel« ist eine der kühnsten seiner stets aufs Neue überraschenden Unternehmungen. Das unscheinbare Gebäude (nur der Schriftzug »Sanderson« verrät es – eine Auflage des Denkmalschutzes, über die sich auch der New Yorker Artdirector Fabien Baron nicht hinwegsetzen konnte) liegt in einer unscheinbaren, von Möbelhändlern und Wirtschaftsprüfungsfirmen bevölkerten Straße. Vielleicht hebt gerade dies das Erlebnis »Sanderson« über andere Schrager-Kreationen in exklusiverer Lage und mit augenfälligeren Reizen hinaus.

Versteckt hinter Dalís »Bocca-Sofa« aus dem Jahr 1970, Louis-quinze-Möbeln und venezianischen Spiegeln liegen die Long Bar mit 25 Metern Onyx-Tresen und internationalem Bar-Food, das Spoon +, eine »Zweigstelle« des Pariser Vorbilds von Spitzen-Chef Alain Ducasse, in dem der Gast Speisen frei zusammenstellen kann, und das Agua, ein transparentes Erholungsparadies für Weltverdrossene auf 900 Quadratmetern und zwei Etagen. Jenseits des respektlosen Dekors warten weitere Genüsse und Überraschungen: ein unerwartet asiatisch inspirierter Innenhof (der auch als Restaurant dient) und ein Bambusdachgarten mit Aussicht über die Hauptstadt.

Die Zimmer mögen Variationen in Weiß sein, aber wen kümmert das, wenn Laken mit 450er-Fadendichte locken, Blattsilber die Betten in Schlittenform ziert und durchscheinende Seidenvorhänge die Badezimmer verhüllen? Tatsächlich sind Starcks Raumentwürfe mehr als alles andere ein Spiel mit dem Durchsichtigen, Durchscheinenden (und Nichtigen?).

EIN HÖCHST LUXURIÖSES B&B

28

Knightsbridge Hotel

28 10 Beaufort Gardens

Zimmer ab £ 210

»Erschwinglicher Schick im Herzen von Knightsbridge«, so beschreiben die Hoteliers und Innenarchitekten Tim und Kit Kemp ihre neueste Unternehmung in London – eine Neuinterpretation des »traditionellen englischen Bed and Breakfast«. Kit Kemp hat bereits anderen Häusern ihren höchst geschmackvollen und eklektischen neotraditionell englischen Stil verliehen. Das Knightsbridge beschreibt sie als »frisch und auf moderne Weise englisch« – was sich im Kontrast zwischen eigens entworfenen Stoffen und Grafiken und behaglich traditionellen Sofas, Stühlen und Tischen spiegelt. Es gibt 44 Zimmer, jedes individuell gestaltet und reich an Farbe, Struktur und Mustern. Das Fuchsia-Zimmer besticht mit sanften Grün- und tiefen Purpurnuancen, andere sind in dezenteren Farben gehalten, haben aber denselben leichten floralen Touch. Kit Kemps Markenzeichen, die Retro-Design-Radios von Roberts, stehen in jedem Zimmer. Auch ihre witzigen Schneiderbüsten, die sie in unterschiedlichen Stoffen bezieht, tauchen überall auf.

Zwar gibt es kein Restaurant, aber der 24-Stunden-Roomservice bietet eine Gourmet-Speisekarte. Das kontinentale Frühstück wird auf dem Zimmer serviert, auf Wunsch kann der Gast aber auch in der Dschungelszenerie des Salons oder in der Bibliothek frühstücken. Beide Räume schmücken hervorragende und eigens für das Hotel geschaffene Werke britischer Künstler.

Nº11

ENGLISCHES UNDERSTATEMENT

28 Eleven Cadogan Gardens

25 11 Cadogan Gardens
Zimmer ab £ 240

Einen Steinwurf vom Sloane Square entfernt, verrät nur das schlichte Schild »No. 11«, in welchem Haus sich das Hotel verbirgt. Eleven Cadogan Gardens ist ein authentisches spätviktorianisches Zeugnis dessen, was englische Hotels einzigartig macht: Understatement, Diskretion, ein scheinbar natürlich gewachsenes Interieur, das wunderbar geschlossen wirkt, und ein Hauch von Aristokratie. Man erkennt unschwer, weshalb dies die Londoner Lieblingsherberge des Designgurus Philippe Starck sein soll: Authentizität, Wärme und Ungezwungenheit machen einen Besuch im Eleven Cadogan Gardens zu einem Erlebnis, das nur hier, im Herzen von Chelsea, möglich ist. Kein Wunder, dass es so viele Stammgäste gibt und dass es gelegentlich schwierig ist, noch ein Zimmer zu bekommen.

Das Gebäude stammt aus dem späten 19. Jh., als Lord Chelsea auf seinem Kricketplatz in der Nähe des Buckingham Palace vier Stadtvillen errichten ließ, die schon bald Londons erstes privat geführtes Stadthotel wurden. Heute hat das Haus 60 Zimmer (fragen Sie nach einem Zimmer mit Blick auf den Garten). Zu seiner bemerkenswerten Ausstattung gehören prächtige holzgetäfelte Wände, Ölgemälde, eine Eichentreppe, zahllose Antiquitäten und zwei Garten-Suiten, die eine mit privatem Eingang, die andere mit einem großen Salon, der den traumhaft gepflegten Garten überblickt.

Es gibt keine Rezeption. Ein Butler begrüßt die Gäste an der Tür – ein Zeichen für das Serviceniveau, das sie erwartet. Eigenhändig trägt man sich in das betagte Gästebuch ein, bevor man in die Räume geleitet wird. Diskret verborgen sind moderne Annehmlichkeiten wie Fitnessraum oder Schönheitssalon – zweifellos etwas widerwillige Konzessionen an die Reisenden von heute. Der im Speisesaal angebotene Nachmittagstee mit frischem Kuchen, Sherry und Kanapees vervollkommnet das Gefühl von Behaglichkeit.

KLEIN, ABER FEIN

42 **West Street**

40 13–15 West Street

Zimmer ab £ 150

Das kleine, detailfreudige Boutique-Hotel ist noch eine Nummer kleiner und feiner geworden: Jetzt gibt es im Herzen des Londoner Theaterviertels am Covent Garden das erste Minihotel. Wenige Schritte von der bunten Shaftesbury Avenue entfernt, verbirgt sich dieser unerwartete Genuss kunstvoll vor allen, außer den wenigen eingeweihten Gästen. Mit nur drei Suiten, gestaltet von den angesagten Londoner Architekten Sally Mackereth und James Wells, konzentriert sich das Hotel eher auf die Qualität von Erlebnis, Location und Stimmung als auf die Quantität von Räumen und Annehmlichkeiten.

Die Idee zu diesem Hotel hatten Christopher Bodker, Rowley Leigh und Marian Scrutton, deren Erfolg mit Restaurants wie Circus und Avenue ihnen Aufnahme in den Zirkel der wählerischsten Londoner Epikureer verschaffte. Bar und Restaurant belegen Untergeschoss und Parterre des Gebäudes, das früher japanischen Geschäftsleuten für zweifelhafte Machenschaften diente. Die drei höchst individuell gestalteten Suiten liegen in den Etagen darüber. Im glänzenden »Weißen Zimmer« mit seinem Fußboden aus weißem Carrara-Marmor setzen rote Stoffe und Möbel sowie Constanza-Lampen Akzente. Das »Steinerne Zimmer« (eher eine Suite) verdankt seinen Namen dem Kalkstein und den erdigen Elementen – Braun- und Cremetöne und Leder dominieren. Seine Highlights: eine fantastische private Terrasse (70 Quadratmeter), die groß genug ist für eine ausgewachsene Cocktailparty, und ein eigener Fahrstuhl. Den gesamten vierten Stock nimmt ein Loft über zwei Etagen ein. Dunkle Eichenböden, grüne Schieferplatten an den Wänden und im Bad und leuchtend orange Tulpenstühle von Geoffrey Bernett sind in den raffinierten Räumen nur einige der i-Tüpfelchen.

Das »Blaue Zimmer« – ein Hightech-Vorführraum –, die Bar im Untergeschoss, der Zauber der kinetischen Sechs-Meter-Skulptur von Richard Clark und Alex MacGregor und das Restaurant mit moderner mediterraner Küche lassen keinen Zweifel daran: Wahre Größe liegt in den exquisiten Details.

THE
BRIDE

EIN ZWEITES ZUHAUSE

14 **The Main House**

29 6 Colville Road

Zimmer ab £ 100

Caroline Main veranstaltet keinen Rummel, um ihre drei Suiten – oder wahlweise vier Zimmer – auszulasten. Auch nicht nötig, denn ihre charmante Herberge liegt nur einen Steinwurf entfernt von Notting Hills angesagtester Shoppingmeile. Tatsächlich hat Main in den drei Jahren, die sie das Haus führt, nie Werbung gemacht; Mundpropaganda sorgt den größten Teil des Jahres über für ausreichend Gäste in dem großzügigen viktorianischen Stadthaus. Ein Tipp wie dieser ist schwer geheim zu halten. Nicht nur weil die Preise vernünftig und die Räumlichkeiten stylisch und großzügig sind, sondern weil sich der Service so zuvorkommend und taktvoll um die Gäste bemüht, dass man sich unweigerlich die Frage stellt, wie man jemals mit weniger zufrieden sein konnte. Mains Devise des »schlicht und professionell« ist überall im Hotel spürbar. Die Räume wurden von Schnickschnack befreit, um deren Großzügigkeit und viktorianische Stilelemente zur Geltung zu bringen. Hier nächtigt man nicht in dekoseligen Schlafkammern, sondern in luftigen Räumen mit großen Fenstern und gebohnerten Holzböden. Die erlesenen Antiquitäten und kostbaren Teppiche verraten einen Hang zu dezentem Schick. Vor allem aber gibt es viel frische, blütenweiße Wäsche. Die erste und zweite Etage sind, der viktorianischen Architektur entsprechend, am opulentesten geschnitten. Jede Etage bildet eine Suite mit Salon und Badezimmer. Die zwei kleineren Zimmer im obersten Stock, die sich ein Duschbad teilen, werden meist an Familien oder etwa an gemeinsam reisende Paare vermietet. Neben ihrer Mitarbeiterin Beatta kümmert sich Caroline Main oft persönlich um ihre Gäste, bringt Tee, Snacks oder Wein, hilft Ortsunkundigen mit Tipps oder ruft ein Taxi. Jede Suite hat eine eigene Türklingel. So können Gäste – ganz wie zu Hause – Besucher persönlich empfangen. Details wie diese und das Fehlen eines Hotelschilds vermitteln ein Gefühl von Zuhause, erklärt Caroline Main. Das also ist ihr Geheimnis!

Essen

Kaum jemand hätte London früher als kulinarisches Reiseziel bezeichnet. Das hat sich in den 1990er-Jahren radikal geändert. Die ethnischen Restaurants trugen schon immer zur kosmopolitischen Seite Londons bei, aber mittlerweile gibt es sie in einer schier unglaublichen Vielfalt: von europäischer Cuisine auf höchstem Niveau bis hin zu fernöstlichen Speisen mit modernem westlichem Touch. Londons bemerkenswerteste und für den Weltgourmet faszinierendste Entwicklung aber ist die Entdeckung der eigenen kulinarischen Tradition. Wo man früher »Pub-Fraß« vorgesetzt bekam, servieren heute »Gastro-Pubs« liebevoll zubereitete Gerichte aus marktfrischen Zutaten: eine auf internationale und verwöhnte Gaumen zugeschnittene New British Cuisine.

KLASSISCH JAPANISCH

42 Umu

13 14–16 Bruton Place

Es scheint, als würde die fernöstliche Küche Londons Restaurantlandschaft erobern. Roka (S. 64), Yauatcha (S. 141) und Hakkasan (S. 133) ziehen die Feinschmecker in Scharen an. Nun auch das Umu. Der Eingang zu diesem ultramodernen, schicken Tempel hoher Gaumenkultur liegt unbeschildert und so diskret am Bruton Place, dass man Gefahr läuft, ihn zu übersehen. Die Ausstattung ist wie der Auftakt – wundervoll. Drücken Sie Ihre Hand auf die Glastafel am Eingang, und die hölzerne Tür gleitet zur Seite. Solcher Raffinesse steht die Küche im klassischen Kyoto-Stil nicht nach, ob Sie nun eine der Menüfolgen wählen oder einige Speisen der erlesenen *Kaiseiki*-Küche, die man in kleinen, köstlich zubereiteten Portionen reicht. Die Inhaber legen höchsten Wert auf ihre kulinarischen Wurzeln: Für spezielle Gerichte fliegen sie besonders weiches Wasser eigens aus Japan ein. Die Fischsorten für die Sushi-Bar kommen aus aller Herren Länder. So viel Opulenz und kulinarische Kunst hat ihren Preis: Rechnen Sie mit drei Stellen vor dem Komma.

MAGHREBINISCHE HERRLICHKEITEN

42 **Momo**

33 25 Heddon Street

Viele sagen, in diesem unerwarteten Tempel nordafrikanischer Cuisine und Einrichtungskultur in Mayfair sei die Atmosphäre das eigentliche Highlight, aber das Momo hat weit mehr zu bieten. Eingezwängt zwischen den Regency-Fassaden der Regent Street und Savile Row, der »Straße der Anzüge«, liegt eine andere Welt, dafür geschaffen, die Sinne mit Exotik und Luxus zu betören – ein Kontrast, wie er typischer für London nicht sein könnte. Mourad Mazouz, der Schöpfer des Momo, brachte viele der Objekte, die als Kulisse für die maghrebinische Küche dienen, von seinen Reisen mit. Probieren Sie den Echouia-Salat mit Kichererbsenkroketten, die Gemüsesuppe mit Safran und Limone, die süß-würzige Taubenkleinpastete mit Mandeln und Kümmel. Wer nur kurz vorbeischauen möchte, kann sich im angrenzenden Tearoom einen Hauch Casablanca gönnen. Das Kemia im Untergeschoss ist die Londoner Club-Location für Prinzen und Prinzessinnen aus nah und fern: donnerstags bis sonntags nur für Mitglieder, sonst Einlass »auf Einladung«.

ASIATISCHE SCHÖNHEIT

60 **Hakkasan**

19 8 Hanway Place

Wenn Sie den Massenauftrieb in der Tottenham Court Road und Oxford Street hinter sich lassen und eine nicht besonders angenehme Gasse betreten, bereitet Sie nichts auf das In-Lokal mit Bar vor, das modern-exotische Gestaltung und köstliche Küche mit einem Hauch Singapur vereint. Über verführerisch beleuchtete Treppen gelangt man hinunter in ein sinnlich-aquamarinblaues Ambiente, eine Kreation des französischen Designers Christian Liaigre. Londons schicke Szene drängt sich hier vorzugsweise abends, die beste Zeit aber ist die Lunchzeit, wenn Küchenchef Tong Chee Hwee (früher Chefkoch im Summer Pavilion des Ritz Carlton, Singapur) vor in Purpur beleuchtetem Glas, dem Gitterwerk von Raumteilern und dunklem Holz eine Auswahl an Dim Sum reicht – und man sich Kontinente von London und Welten vom Massenkonsumrausch der Straßen entfernt fühlt. Sie müssen sich nicht auf Dim Sum beschränken – es gibt eine umfassende zeitgemäße chinesische Speisekarte und asiatisch gefärbte Cocktails von einem der besten Barkeeper der Stadt.

LUKULLISCHE GESCHICHTE

42

Rules

47 35 Maiden Lane

Das Rules rühmt sich, Londons ältestes Restaurant zu sein. Seit es 1798 von Thomas Rule eröffnet wurde und für »Portwein, Pasteten und Austern« berühmt war, ist es ununterbrochen in Betrieb. Über die Jahrhunderte haben hier Hochadel und Prominenz die Holzbänke gedrückt. Es war das »Liebesnest« von Edward VII. und seiner Mätresse, der Schauspielerin Lillie Langtry. Er kam so oft, dass man ihm einen Privateingang baute, um ihn vor neugierigen Blicken zu schützen. Charles Dickens, Graham Greene und H. G. Wells waren ebenfalls Stammgäste. Das Rules tischt nach wie vor bewusst Gerichte mit britischem Fleisch, darunter vor allem Wild, auf: Kaninchen, Reh, Moorhühner und das geschätzte Belted-Galloway-Rind. All das bezieht das Restaurant von eigenen Ländereien in den High Pennines. Ein jüngst restaurierter, stimmungsvoller Speisesaal bietet einen gepflegten Rahmen für die »Lebemänner, Dandys und großen Geister, die seine Klientel ausmachen«. Es ist ein munteres und intaktes Stück der lebhaften Londoner Kultur und Geschichte in Covent Garden.

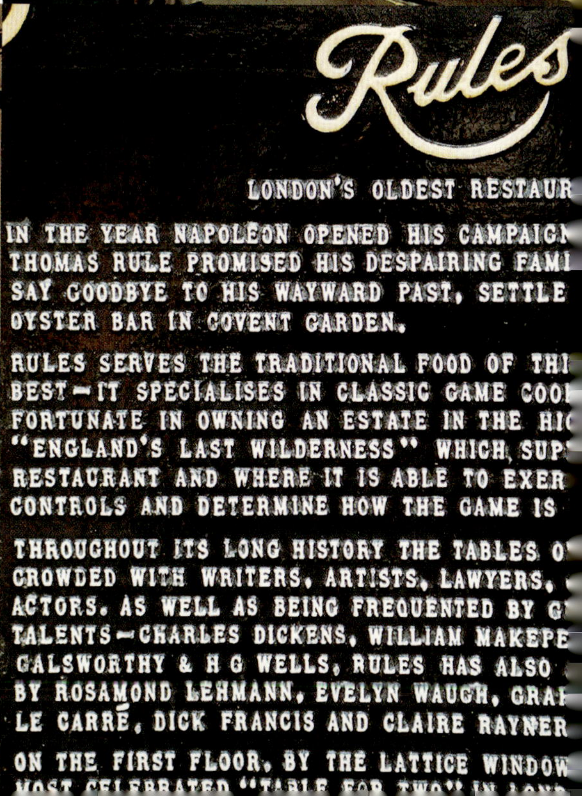

RUHIG UND EXKLUSIV

42

Adam Street

51 9 Adam Street

Nur Lunch (für Nichtmitglieder)

In der Nähe der lauten Straße The Strand vermeldet ein Schild einen privaten Club, und eine Türklingel warnt davor, uneingeladen einzutreten. Auch wenn die Schritte über den roten Teppich des Treppenhauses ein Gefühl von Exklusivität vermitteln, man muss kein Mitglied sein, um hier zum Lunch einen Tisch zu reservieren. Auf dem Weg hinunter in die unterirdischen Räume mag man sich daran erinnert fühlen, dass die beiden Tonnengewölbe, wo sich heute Bar und Restaurant befinden, Teil der Grundmauern des Adelphi sind, eines von den Meisterarchitekten Robert und James Adam von 1768 bis 1792 errichteten Künstlerwohnhauses. Heute sind die Räume renoviert und von Verlagsleuten aus der Umgebung bevölkert. Im Barbereich stehen moderne Clubsessel und purpurfarbene Samtstühle. Das Restaurant mit klassisch britischem Essen (einschließlich einer Neuauflage von Makkaroni mit Käse) ist vornehm und intim. Ein gutes Ziel nach morgendlichen Galeriebesuchen am Trafalgar Square.

DINNER IM STADTHAUS

42

Lindsay House

35 21 Romilly Street

Mit seinem Restaurant in einem Londoner Reihenhaus von 1740 im Herzen von Soho hat sich der irische Spitzenkoch Richard Corrigan einen Michelin-Stern verdient. Auch wenn es inmitten billiger italienischer Cafés, Pubs und Sexshops liegt, die vornehm-heitere Atmosphäre des Lindsay House bildet einen angenehmen Kontrast zum hektischen Treiben draußen und nimmt den Besucher von dem Moment an gefangen, da er an der Tür klingelt. Zwei georgianische Speisesäle mit historischen Elementen, hohen Decken und sparsam ergänztem Dekor vermitteln den Eindruck eines eleganten Heims, das trotz des im Verhältnis zu den Gästen zahlreichen Personals für ein warmes, intimes und höchst romantisches Erlebnis sorgt. Verschiedene Küchen, die sich wechselseitig auch leicht beeinflussen, bestimmen die Karte. Auf ihr entdeckt man Vorzügliches: vom englischen Langusten-Gazpacho bis zum Perlhuhn in Madeirawein. Die Weinkarte ist reichhaltig und harmoniert hervorragend mit den Gerichten.

FLEISCH VOM FEINSTEN

42 **The Grill Room at The Dorchester**

2 53 Park Lane

Schon in den Worten »The Dorchester« schwingt der hemmungslose Luxus mit, der sich unter der vergoldeten Kassettendecke des großen Grill Room zwischen Ledersesseln, Samtvorhängen und flämischen Gobelins entfaltet. Das Interieur stammt aus dem Jahr 1931, als das Restaurant noch Spanish Grill hieß und sich einer ambitionierten Sherry-Bar rühmte. Heute zelebriert die Karte hohe britische Kochkunst. Küchenchef Henri Brosi, der 1999, nach einer Zeit im Claridge's, in den Grill Room kam, widmet sich der traditionellen Küche mit Leidenschaft. Vom Grill gibt es Steaks, schottischen Hummer, Wildlachs und Steinbutt, aber auch Klassiker wie Aberdeenshire Roast Beef mit Yorkshire-Pudding und ehrlichen, bodenständigen Shepherd's Pie, ein Auflauf aus Kartoffeln und Lammfleisch. Für Brosi typische Gerichte sind Variationen des Traditionellen: Jakobsmuscheln an warmem Tomaten-Safran-Dressing oder Lammkoteletts in Senf-Kräuter-Kruste. Mit nur sieben Küchenchefs in sieben Jahrzehnten ist der Grill Room eine zeitlose, zuverlässige Londoner Institution.

WIEN LÄSST GRÜSSEN

42 **The Wolseley**

19 160 Piccadilly

Als Jeremy King und Christopher Corbin The Wolseley 2003 eröffneten, geriet es fast über Nacht zum Erfolg. Und seine Beliebtheit ist ungebrochen. Die Gründer von Le Caprice und Ivy, den Tummelplätzen der Stars, haben den früheren Autosalon Wolseley in ein prächtiges Café im Stil des alten Europa verwandelt. Laufkundschaft wie illustre Gäste lieben den hohen, von David Collins (S. 150) gestalteten Raum, den Messingglanz an Bar und Leselampen, die gestärkten Tischdecken und die verführerische Kuchentheke. Auch bei der Küche setzt Chris Galvin (früher im von Michelin gekürten Orrery) auf Tradition: Omeletts, Bratwurst, Gulasch, Wiener Schnitzel, Austern und Kaviar. Seine Steaks werden, perfekt nach Wunsch des Gastes gegart, mit feinsten Pommes frites als fröhliche Lunchpakete gereicht. Wie ein Habsburger im Urlaub soll sich der Gast fühlen – und der geschliffene, freundliche Service tut alles dafür. Der Wermutstropfen: Zum Wiener Frühstück oder mittags könnten Sie einen Tisch ergattern, abends ist das Lokal manchmal auf Wochen ausgebucht.

FÜRSTLICH

42 **Wiltons**

27 55 Jermyn Street

Irgendwie erinnert dieses traditionsreiche alte Lokal an Oscar Wilde – und zwar nicht nur der Hummer im Wirtshausschild. Vielleicht ist es der Hauch Frivolität, der der Vorstellung anhaftet, nach Tafelfreuden in so nobler Umgebung zu so noblen Preisen unweigerlich versucht zu sein, nach dem Essen auch noch auf ein paar Drinks zu bleiben. Hier erleben Sie erlauchte britische Küche im Sinne von: Wer sich für einen Briten und von hoher Geburt hält, war schon hier. Das Omelett mit Hummer, Atlantikkrabbe und Trüffeln verrät, wie extravagant die Karte sein kann, die geschmorte Ochsenzunge in Madeira mit Kartoffelpüree, das auf der Zunge zergeht, illustriert ihre britische Seite. Küchenchef Jérôme Ponchelle wird gerühmt für seine wunderbaren Seafood-Platten, die er etwa mit schottischem Steinbutt in Champagnersauce unwiderstehlich macht. Der Service ist – wie in einer solchen Umgebung nicht anders zu erwarten – förmlich und makellos. Man muss keinen Zylinder tragen, um hier zu tafeln, völlig fehl am Platz wäre er wohl dennoch nicht.

UNTER NACHBARN

14 **The Cow**

17 89 Westbourne Park Road

The Cow am Rande von Notting Hill war ein behagliches rustikales Pub, bevor es durch eine neue Speisekarte und seine Fischspezialitäten berühmt wurde. Das kleine Pub von Tom Conran, dem Sohn des Gastronomen und Kultdesigners Terence Conran, hat heute eine riesige Fangemeinde – ein reizender Ort, um sich auf einen Drink und einen Teller Austern zu treffen. The Cow vermittelt eine Vorstellung vom Leben in Notting Hill und ist, trotz gelegentlicher Besuche von Prominenten (Elvis Costello, Uma Thurman, Kylie Minogue und Hugh Grant haben schon vorbeigeschaut), ein Lieblingslokal der Nachbarschaft. Wenn Ihnen der Sinn nach Herzhafterem steht, tafeln Sie britisch-modern im Speisesaal in der oberen Etage. Es empfiehlt sich zu reservieren. Bei schönem Wetter sitzt man draußen in der stillen Straße mit Blick auf das nahe Westbourne (S. 20) und genießt die Qual der Wahl.

GASTRO-PUB DER ERSTEN STUNDE

72 **The Eagle**

11 159 Farringdon Road

Das als erstes »Gastro-Pub« Londons gepriesene Eagle begann 1991 das zu tun, was so manche modernisierte Londoner Pubs seitdem mit deutlich wechselhafterem Erfolg zu kopieren versuchen. Wie der Inhaber Michael Belben, der The Eagle mit David Eyre, dem ersten Chefkoch des Eagle, gründete, sagt: »Wir waren nicht das erste Pub mit gutem Essen, aber wir waren wahrscheinlich das erste Pub, das extrem gutes Essen in entspannter Atmosphäre auftischte.« Sie wollten weder »den trinkenden Stammgast ausschließen« noch sich »unnötiges Beiwerk« zulegen. Tischdecken, komplexe Menüfolgen auf der Karte oder gar Rechnungen (man zahlt bei Bestellung) suchen Sie also vergeblich. Holzmöbel und eine bunte Mischung abgewetzter Ledersofas, alter Barhocker und Stühle, die einfach nicht zusammenpassen, schaffen eine lockere Atmosphäre. Die täglich wechselnde Karte ist herzhaft und tendiert Richtung Mittelmeer. Allerdings bereite man zu, was man für gut halte, erklärt der gegenwärtige Chefkoch Tom Norrington-Davis, und nicht, was einem bestimmten Stil entspräche.

INDISCHER ABEND

42 **Cinnamon Club**

55 30 Great Smith Street

Blütenweiße Tischtücher und Stühle mit hohen Lehnen, arrangiert vor einer herrlichen Wand in der ehemaligen Westminster Library aus dem Jahr 1897: Das ist der Cinnamon Club, das anspruchsvolle, moderne Gesicht der indischen Küche, wie es sich sein Besitzer Iqbal Wahhab vorstellt. Die historischen Bücherregale, Holzparavents und Parkettböden blieben erhalten. Sie sorgen mit indischem Marmor und Stein in klarer Linienführung für koloniale Annäherung. Unter dem Küchenchef Vivek Singh und mithilfe von Eric Chavot, dem französischen Chef mit Michelin-Sterne-Würden, erreicht die indische Küche neue Höhen des Raffinements. Ungewöhnliche Zutaten unterzieht man hier traditioneller Zubereitung und umgekehrt. Dabei entstehen Speisen wie Süßkartoffelkuchen mit knusprigem Okra und würzigem Joghurt, Entenbrust an Sesam-Tamarinden-Sauce und Spinatklößchen mit Kichererbsenkuchen. Im Untergeschoss bewirten Nachtbar und Lounge Mitglieder mit einer Auswahl indisch inspirierter Cocktails. Tanzmusik rundet den Abend ab.

42 **Sketch**

10 9 Conduit Street

Das Sketch – so genannt, weil es sich wie eine Skizze ständig verändert – ist das wohl ehrgeizigste und mondänste Gastronomie-Event der letzten zehn Jahre, die Apotheose hoher Gestaltungskunst, hoher Eleganz und hoher Gastronomie. Schauplatz des Projekts, dem sich Mourad Mazouz (S. 133) seit Jahren mit Hingabe widmet, ist ein georgianisches Stadthaus, in dem kürzlich noch Dior residierte. Sein berauschendes gestalterisches Feuerwerk entfaltet das Sketch in einem Salon, einer Kunstgalerie, zwei Bars, zwei Restaurants und einem Vortragssaal. Der Pariser Meisterkoch Pierre Gagnaire kreiert alle Speisen, vom feinen Gebäck im Salon bis zur Haute Cuisine des Restaurants in der Bibliothek. Das scharfe Designer-Auge hat kein Detail übersehen: die Servierwagen im Galerie-Restaurant von Marc Newson, die Toilettenkabinen in der East Bar, mit Swarovski-Juwelen geschmückte Badezimmer, eigens gefertigte Möbel von Noé Duchaufour-Lawrance, bis hin zur Kunst am Gebäude. Sketch setzt in der urbanen Erlebniswelt epikureischer Genüsse neue Maßstäbe.

DIM SUM MIT EDLEM DRUMHERUM

42 **Yauatcha**

31 15 Broadwick Street

Ein Interieur, das Christian Liaigre der Farbe Weiß gewidmet hat, die von Cheong Wah Soon kreierte Speisenauswahl, Uniformen aus dem Atelier des Designers (und Kostümbildners des Films *Tiger & Dragon*) Tom Yip und ein Personal, das Schlichtheit und Eleganz erfunden zu haben scheint – Yauatcha ist der Inbegriff von Geschmack in jeder Inkarnation. Alan Yau, der Gastronom der beliebten Wagamama-Nudelbars und des Hakkasan (wo Liaigre und Cheong Wah Soon ähnlich erfolgreich wirkten; S. 133), hat Soho die Finesse der Kanton-Küche verliehen. Welten entfernt von Chinatowns lautem Kitsch, bietet das Yauatcha-Restaurant im Souterrain Dim Sum, Tee und Cocktails auf Spitzenniveau. Der helle, retro-futuristische Tea Room liegt im Erdgeschoss, wo die auffällige Schaufensterfront Dim-Sum-Fans und experimentierfreudige Passanten anlockt. Tees und Kuchen gibt es hier sogar hübsch verpackt zum Mitnehmen oder als schickes Gourmetpräsent. Yauatcha ist ein Dim-Sum-Lokal, das in dieser stilbewussten Aufmachung seinesgleichen sucht.

EIN KLASSIKER KEHRT ZURÜCK

42 Red Fort

38 77 Dean Street

Ein leuchtendes Beispiel hochmoderner indischer Küche oder – wie eine Zeitung es noch vor seiner Wiedereröffnung 2000 (nach einem Brand) nannte – »die Mutter der indischen Restaurants«: Das Red Fort ist ein Klassiker, der sich mit Engagement für zeitgenössische Cuisine, Stil und Service selbst neu erschaffen hat. Die jüngste Reinkarnation zitiert die Perlenmoschee, die Schah Jahan in Neu-Delhi errichtete, indem sie die gleichen Materialien verwendet, aber der heutigen Zeit anpasst und ein üppig-schwüles Ambiente erzeugt. Die Karte ist das Werk von Chefkoch Mohammed Rais. Er entstammt einer 300 Jahre alten Dynastie von Hofköchen und beherrscht die Kunst des *Dum Pukht*, eine Form des Dampfgarens, die einheimischen Biryanis das gewisse Etwas verleiht. Zur reichen Auswahl an Gerichten gehören *Dum Ka Lobster*, Hummer in einer mit Kümmel aromatisierten Brühe gedämpft, und *Murgh Mussalam*, Stubenküken mit Kaschmir-Chili und gebräunten Zwiebeln. Das Akbar im Souterrain ist mehr als nur die Cocktail-Lounge eines Restaurants.

INDISCHE KÜCHE NEU ERFUNDEN

14 Zaika

37 1 Kensington High Street

Das Zaika, eines von zwei indischen Restaurants in England, die ein Michelin-Stern auszeichnet, ist das glückliche Resultat einer Verbindung von Gastronom Claudio Pulze und dem exzellenten Koch Vineet Bhatia. In den exotisch gestalteten historischen Räumlichkeiten in der Nähe des Hyde Park in Kensington präsentiert das Zaika – der Name bedeutet »raffinierter Wohlgeschmack« – klassische Gerichte mit innovativen, einfallsreichen Effekten. Hier gelingt die Neudefinition der Ethnoküche. Inzwischen hat sich Vineet Bhatia selbstständig gemacht (S. 143). Das Niveau der Gerichte, die in einem Ambiente üppiger Farben und modernen indischen Dekors gereicht werden, ist unverändert hoch. Wem da die Wahl schwer fällt, sollte das fünfgängige Probemenü *Jugalbandi* oder *Zaika Gourmand* mit neun Gängen versuchen. *Kesari jalpari* (Tandoori-Mönchfisch mit Curryblatt-Risotto) oder *samundari machli* (gebratener Kabeljau mit knusprigem Tintenfisch) sind typische Hauptgänge. Gegen £ 10 Aufpreis stimmt man für Sie Weine auf die einzelnen Gänge ab.

STERN VON INDIEN

28 **Rasoi Vineet Bhatia**

14 10 Lincoln Street

Im Zaika (S. 142) hat Vineet Bhatia der britischen Metropole indische Cuisine auf ungekanntem Niveau beschert. Mit dem Michelin-Stern, den er 2001 als erster indischer Koch verliehen bekam, erreichte er ein ehrgeiziges Ziel, das er sich bei seiner Ankunft aus Delhi 1993 gesteckt hatte. Die indische Küche, die er damals in London vorfand, war eine Katastrophe. 2004 kehrte er dem Zaika den Rücken. Die eigenen Räumlichkeiten sind intimer, das Dekor ist üppiger und die Karte ein Gedicht. Nicht weniger poetisch sind seine Kreationen auf Tellern und Schüsseln. Der Name des Lokals bedeutet »Vineet Bhatias Küche«, und er ist stolz auf seinen Familienbetrieb. Bhatias Frau Rashima betreut den Speisesaal mit 35 Plätzen. Im Obergeschoss gibt es zwei private Speisezimmer, eines mit Zugang zur Dachterrasse. Mit dem eigenen Restaurant realisiert Bhatia einen weiteren Traum: Hier kann er mit der Küche seiner Heimat experimentieren und sie weiter verfeinern. Wer mit British Airways First oder Business-Class fliegt, kommt übrigens in den Genuss von Bhatias Kochkunst.

VON KOPF BIS SCHWANZ

72 St John

4 26 St John Street

Einen Steinwurf von Smithfield Market entfernt, ist das St John – im wahrsten Sinne des Wortes – Fleisch gewordenes Symbol des britischen Faibles für Herzhaftes. Diese Beziehung ist, laut Trevor Gulliver, der das Restaurant zusammen mit Küchenchef Fergus Henderson 1994 eröffnete, eher zufällig entstanden. Es stimmt, das am häufigsten fotografierte Highlight auf ihrer Karte ist Knochenmark mit geröstetem Fladenbrot und Petersiliensalat. Aber das spiegelt eher die Qualität der Cuisine als eine Festlegung auf Fleisch essende Gäste. Das St John ist stolz auf den Kontakt zu Bauern und Züchtern, das frisch gebackene Brot und die Tatsache, dass man selbst schlachtet. Damit haben Gulliver und Henderson die Möglichkeit – und wie sie glauben auch die Verpflichtung –, alle Teile des Tieres zu verwenden. Betrachtet man die unerschütterliche Gefolgschaft, fällt es leicht, sich Gullivers Standpunkt anzuschließen, der besagt, dass »ein gutes Restaurant wie ein guter Freund ist«. Die weiß getünchten Räume unterstreichen wohltuend das Erlebnis der Cuisine.

ELEGANT DINIEREN

28 **Tom Aikens**

5 43 Elystan Street

In der Fernsehdoku über Tom Aikens, die den täglichen Kampf im eigenen Restaurant um wenigstens einen Michelin-Stern beschreibt, hätte der Unterhaltungswert menschlichen Ringens leicht von Aikens' gastronomischen Leistungen ablenken können. Aber kein Grund zur Sorge. Vielleicht wird um Insider-Berichte der etablierten Köche zu viel Aufhebens gemacht, aber was Tom Aikens auf den Tisch bringt, ist der Rede allemal wert. Eine schwarze Fassade in einer von Chelseas vielen Nebenstraßen, Kellner in frischem Weiß und schlichte Blumenarrangements vermitteln Kultiviertheit. Eine entsprechende Karte versteht sich von selbst. Gerichte, die Exotik nur andeuten und trotzdem verführerisch klingen, entfalten sorgfältig komponierte Aromen, die dem Michelin-Stern alle Ehre machen: Entenleberpastete und Feigenpüree, gefolgt von Steinbutt mit Langustino-Ravioli, oder – falls Ihnen der Sinn nach Gewagterem steht – der viel gepriesene geschmorte Schweinskopf mit Bauchfleisch und farciertem Schweinsfuß. Seien Sie auf ein denkwürdiges Erlebnis gefasst.

THE DUKE

Trinken

Denkt man an London, denkt man an Pubs. Überall in der Stadt gibt es schöne und charaktervolle Kneipen, doch die mit wirklich großartigem individuellem Stil sind rar und einen Umweg wert. Außerdem sind Pubs heute nur noch eine Seite der Medaille. Angetrieben durch Londons berühmte Clubkultur, gelockerte Sperrzeiten und den Status der Stadt als Magnet der globalen Designerszene etablieren sich überall schicke Hangouts. Nach Jahrhunderten der Teehegemonie ist auch die Kaffeekultur wieder in Londons Leben getreten und lässt höchst erfreuliche Cafés entstehen. Ob Ihnen der Sinn nun nach einer schicken Lounge, einer schrägen DJ-Tanzbar oder einem eichengetäfelten mittelalterlichen Pub steht, lesen Sie weiter!

TEE MIT AUSSICHT

42

The Portrait Restaurant

29 The National Portrait Gallery, St Martin's Place

Ihre jüngste Erweiterung und Renovierung hat der National Portrait Gallery eine der besten Aussichten Londons beschert. Auf dem neuen Ondaatje-Flügel, direkt hinter der National Gallery am Trafalgar Square, hat man im Dachgartenrestaurant der Galerie einen herrlichen Panoramablick über die Stadt. Das macht es zum idealen Platz für den Nachmittagstee oder einen Cocktail am frühen Abend. Aus einer Dächerlandschaft weißer und von Grünspan veredelter Kuppeln erhebt sich die Nelson-Säule, und aus der Ferne grüßt Big Ben.

HÖCHSTE TEEKULTUR

42

The Drawing Room

26 Brown's Hotel, 30–34 Albemarle Street

1837 beschloss James Brown, ein ehemaliger Diener Lord Byrons, »ein hochklassiges, vornehmes Gasthaus« zu eröffnen. Im Lauf der Jahre hat es Mitglieder des Königshauses und eine beeindruckende Schar von Prominenten bewirtet. Es verströmt noch immer viktorianischen Charme, vor allem beim nachmittäglichen Teeritual. Dies ist die Apotheose des englischen Tees: Scones, Teegebäck, Clotted Cream, Torten und eine Auswahl der weltbesten Teemischungen, darunter Browns eigene Afternoon Blend und diverse Blütentees.

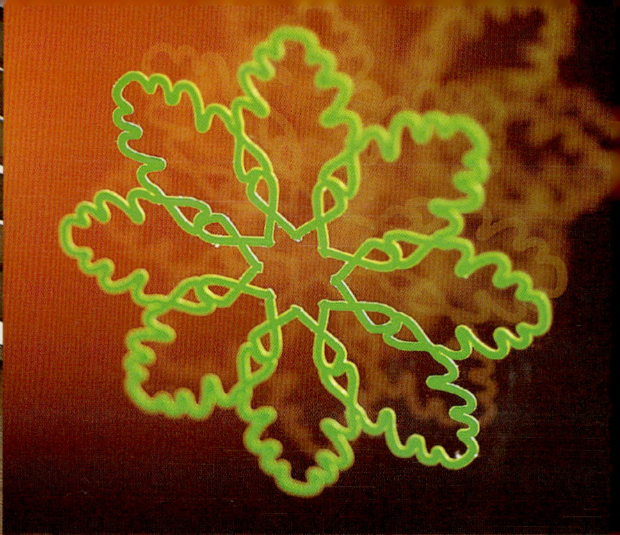

IDYLLISCHES BANKETT

42 **Inn the Park**

54 St James's Park

Mit dem schicken Restaurant im idyllischen St James's Park hat Gastronom Oliver Peyton seine mondänen Schöpfungen Admiralty (S. 57) und Isola (S. 155) übertroffen – und unter Beweis gestellt, dass man in einer der designorientiertesten Städte der Welt ist. Der Bau von Architekt Michael Hopkins ist nur einen Steinwurf von Buckingham Palace entfernt; das Interieur schuf Tom Dixon. Ob drinnen, draußen oder auf der Dachterrasse, eine gute Location für Drinks mit Blick auf den Ententeich. Die britische Küche ist hervorragend.

SZENESCHICK

28 **Blue Bar**

31 The Berkeley Hotel, Wilton Place

Eine sinnenfrohe neue Sicht der Hotelbar hat der Designer David Collins für die Blue Bar entwickelt und dem Regency-Dekor modernen Schick verliehen. Ein lebhaftes Blau, das Collins »Lutyens-Blau« nennt, eine weiße Bar aus Onyx und Böden in Krokoleder-Optik bestimmen den Schauplatz, Bullaugen-Spiegel, Stühle im Art-déco-Stil und Lampen mit Troddeln setzen schwungvolle Akzente. Die spiegelnden Oberflächen sind so glänzend wie der Service. Die Auswahl an Cocktails ist kultiviert und verzichtet auf Albernheiten.

EDLE TROPFEN MIT GESCHICHTE

42 **Gordon's Wine Bar**

52 47 Villiers Street

Ab 1364 existierte das Gordon's als Lagerhaus für Sherry- und Portweinladungen im Hafen an der Themse. Seine Anfänge als Weinbar gehen ungefähr auf das Jahr 1870 zurück. Auch heute kann man hier noch ein Gläschen von einem der über 80 Weine genießen. Sie lagern in unterirdischen, mittelalterlichen Gewölben, die vor Atmosphäre strotzen. Das unvergleichliche Ambiente, in dem es (vor allem nach Büroschluss) von Einheimischen wimmelt, macht eine Zeit lebendig, die an keinem anderen Ort so wieder auferstehen könnte.

CHAMPAGNER GANZ OBEN

86 **Vertigo42**

4 Tower 42, 25 Old Broad Street

Zur Sicherheit müssen Sie Ihren Besuch telefonisch ankündigen (Lunch einen Tag, abendliche Drinks drei Wochen im Voraus), um Champagner schlürfend eine der atemberaubendsten Aussichten auf London genießen zu können. In den Drehstühlen lässt sich der Rundblick von der 42. Etage des höchsten Gebäudes der Stadt voll auskosten. Obwohl die Bar hauptsächlich Champagner ausschenkt, gibt es auch erlesene Weine, Austern, Hummer, Kaviar und Sushi. Man zahlt für die Aussicht – aber das lohnt sich.

GEWEIHTES PUB

60 **Ye Olde Mitre Tavern**

23 1 Ely Place, Ely Court

Die Geschichte des Mitre geht zurück auf das Jahr 1546, als Bischof Goodrich es für die Bediensteten des Ely Palace errichten ließ. Dieser wird in Shakespeares *Richard II.* erwähnt, und es heißt, Doktor Johnson persönlich habe die Taverne besucht. In Londons wohl schönstem – und am schwierigsten zu findendem – Pub hat sich in den dunkel getäfelten kleinen Räumen eine Pub-Atmosphäre erhalten, die in der Metropole kaum mehr zu finden ist: keine Musik, nur das angenehme Gemurmel plaudernder Gäste.

ART-NOUVEAU-PUB

86 The Blackfriar

1 174 Queen Victoria Street

An einer wenig attraktiven Verkehrskreuzung findet sich ein unerwartetes Highlight: das einzige Art-nouveau-Pub der Stadt. Gegenüber der Tate Modern und jenseits der Themse bleibt das Lokal mit dem fantastischen Ensemble aus Marmor und Goldmosaiken aus dem 19. Jh. oft unbemerkt – trotz seiner kuriosen und lauschigen »Höhle« (in einem alten Eisenbahngewölbe). Der Charakter des Pubs ist angenehm unprätentiös, und vielleicht macht gerade das die Pracht der Einrichtung noch attraktiver.

WEIN IN DER GARAGE

72 Smithy's

17 15–17 Leeke Street

Abseits der Betriebsamkeit von King's Cross, in einer kopfsteingepflasterten Seitengasse des Lagerhausviertels, deutet wenig auf Smithy's hin. Das unscheinbare Äußere aber verbirgt eine der stimmungsvollsten Weinbars der Hauptstadt. Was im 19. Jh. einem Pferdebus als Garage diente, ist heute Kulisse für eine riesige Auswahl an offenen und Flaschenweinen. So wie die Gegend um King's Cross sich erneuert, so hat auch der neue Besitzer das Smithy's aufpoliert, um sicherzustellen, dass das urige Lokal seinen Charme bewahrt.

DER ZAHN DER ZEIT

14
Windsor Castle
32 114 Campden Hill Road

Es gibt schlichtweg keine moderne Methode, eine Ausstattung zu kreieren, die das einladende, sanft vom Zahn der Zeit benagte Ambiente des 1828 erbauten Windsor Castle übertrifft, das wirkt, als sei es seit fast 200 Jahren unangetastet. Das Pub, ein ehemaliges Gasthaus, erscheint alles andere als altersschwach. Im Winter schafft das dunkle Holz eine warme Atmosphäre, im Sommer lädt ein Garten im Schatten der Bäume zu Erfrischungen ein. Zu jeder Jahreszeit aber ist es ein Ort für ruhige Gespräche und zum Nachdenken.

VERBLICHENE ELEGANZ

28
Anglesea Arms
7 15 Selwood Terrace

Nördlich der Shoppingmeile Fulham Road breitet das Anglesea Arms in ruhiger Gelassenheit unter einem schattigen Blätterdach einladend seine Tische im Freien aus und verströmt das diskrete Flair einer längst vergangenen Zeit. Es ist ein Lokal, das seine frühviktorianischen Reize – und so dekorative Details wie gerahmte alte Fotografien, historische Stiche, Kronleuchter und Samtdrapierungen – sorgfältig bewahrt und stets aufs Neue ein zuverlässig wohltuendes Wiedersehen beschert.

SCHICKE COCKTAILS

28 **Isola**

32 145 Knightsbridge

Der Gastronom Oliver Peyton hat in den letzten Jahren eine Reihe von Treffern gelandet, und das Isola ist einer von ihnen. Obwohl die italienische Kost mit modernem Touch viel Zuspruch findet, ist es das rubinrote Paradies hauseigener Cocktails im Obergeschoss, das die Designerszene verführt. Holzoberflächen mit geometrischen Mustern, ein überdimensionierter Raum mit Glaswänden, die bis an die Decke reichen, Retrolüster und rotes Leder überall ergeben ein kunstvolles Ensemble. Hier nimmt der Abend einen guten Anfang.

COCKTAILS UND ...

14 **The Lonsdale**

30 48 Lonsdale Road

Cooler als das Lonsdale kann eine Cocktailbar kaum sein. Das Verner-Panton-Dekor, die Mitgliedern vorbehaltene Bar Geneviève und die Tatsache, dass man reservieren muss, unterstreichen das Gefühl, sich unter Auserwählten zu bewegen. Henry Besant (früher im Sanderson) sorgt für die kunstvoll gestylte Kulisse einer Getränkekarte, die Cocktailkennern den Mund wässrig macht. Besant setzt zwar auf Stammklientel und geladene Gäste, aber jedermann kann hier Atmosphäre schnuppern und sich ein paar Drinks gönnen.

KREATIVE STUDIOS

14 **Under the Westway**

6 Westbourne Studios, 242 Acklam Road

»Arbeit sollte Spiel sein, denn Spiel ist Kultur, Kultur ist Vernetzung, Vernetzung ist Freiheit, und Freiheit ist die beste Arbeitsumgebung«, so beschreiben Simon und Nicholas Kirkham die Westbourne Studios, den kreativen Bienenstock aus Firmen und Ateliers in der einst trostlosen Gegend unter der A 40. Vitaler Katalysator ihrer Interaktion ist das Under the Westway. Dort mischen sich die Leute aus den Studios unters Volk, reden oder sehen sich eine der Performances oder Ausstellungen an, die dem Raum Spannung verleihen.

KÜNSTLERSCHUPPEN

86 **Dragon Bar**

19 5 Leonard Street

Abseits der Old Street zeugen der wuchtig-rohe Betoneingang, der Schriftzug auf der ersten Stufe und die Graffitis in den Toiletten von den Vorlieben der Insider und dem Ursprung der Dragon Bar in der Kunstszene. Drinnen legt der Haus-DJ einen funkig-rockigen Mix auf. Im Meer der Bars für vergnügungssüchtige Schlipsträger, die dem kreativen Nerv von Shoreditch zu Leibe rücken, setzt das Dragon strikt auf Boheme (»keine Bürokleidung«). Was für manche ein Sprung ins Ungewisse, war und ist für andere das einzig Wahre.

ROTLICHTZONE

72 Ruby Lounge

19 133 Caledonian Road

Der Ruby Lounge, die – in dieser Gegend von King's Cross nicht ganz abwegig – ihren Namen den einst von Matrosen auf Landgang favorisierten Bordellen verdankt, ist das Kunststück gelungen, eine heruntergekommene Gegend einladender zu machen. Inmitten der Ansammlung aus bröckelnden und teilrenovierten Ladenfassaden wirken das strahlend rote Logo vor der Ruby Lounge, der Lüster von Verner Panton und die Wandbeleuchtung in ihrem Inneren wie Leuchtfeuer in der Nacht. Die Musik ist – wie die Leute – groovy.

ÜBERLEGENE MISCHUNG

60 The Social

12 15 Little Portland Street

Von seinen Anfängen als wandernder Sonntagnachmittag-Danceclub bis hin zum bestgelaunten Club im West End ist The Social das Werk der Heavenly-Musikproduzenten und -Veranstalter, zu deren Partys die angesagtesten DJs Londons kommen. 1999 gestaltete David Adjaye, Lieblingsarchitekt der Londoner Brit Artists, mit schweren Baustoffen das Interieur um und schuf zwei Ebenen, die alle Arten von Tanz zulassen. Das Ganze mit aktuellen Sounds und einer fröhlichen Partymenge gewürzt – voilà, man hat seine Location gefunden.

Cargo

17 83 Rivington Street

Unter den Bögen des Kingsland-Viadukts verschrieb sich das Cargo der ehrgeizigen Aufgabe, unter einer Reihe von Gewölben ein Restaurant, eine Bar und einen Club trendig cool in Szene zu setzen. Das Logo begrüßt den Gast mit einem vage angedeuteten Hafenmotiv, weiter aber treibt man das Motto nicht. Der offene Restaurantbereich steht voller quadratischer Holztische und blickt auf den begrünten Innenhof. Die Musik ist hier Hauptattraktion: Regelmäßige Auftritte und international bekannte DJs beherrschen die Bühne.

Trailer Happiness

14 177 Portobello Road

Neue Bars kommen und gehen in dieser Gegend von Notting Hill, ein Neuzugang allerdings, der trendy, aber freundlich ist, bemerkenswert, aber einladend, ist erfreulich. Das Trailer Happiness liegt nur einen Steinwurf vom Electric Cinema (S. 19) entfernt im Herzen des Markt- und Einkaufsviertels. Die gemütlich-kitschige Wohnwagen-Atmosphäre mit Tropendekor und passenden Cocktails von Bartender-Guru Jonathan Downey (Inhaber der Matchbar) gefällt aufgeweckten Nachbarn wie hippen Nachtschwärmern gleichermaßen.

WO DIE COOLNESS GEBOREN WURDE

86 **Hoxton Square**

23
- Bluu Bar, Nr. 1
- Hoxton Square Bar and Kitchen, Nr. 2–4
- Electricity Showrooms, Nr. 39a
- Liquid, 8 Pitfield Street
- Medicine Bar, 89 Great Eastern Street
- Great Eastern Dining Rooms, 54–56 Great Eastern St

In den letzten zehn Jahren hat sich Hoxton Square nicht nur zum Synonym für hippe Ateliers bei Tag und angesagte Bars bei Nacht gemausert, er hat auch Soho als ultimatives Partyziel nächtlicher Szenegänger weitgehend abgelöst. Zwangsläufig sind mit der Entdeckung der Gegend die Kreativen, die hier erste Impulse gaben, weitergezogen. Die kultige Ausstrahlung aber ist geblieben. Interessanterweise sind die meisten Kultlokale, die das hiesige Nachtleben in Gang brachten, noch da und locken die Party-Crowd an. Einige Schritte vom Square entfernt verbergen sich hinter neonbeleuchteten Scheiben aus Spiegelglas die sparsam eingerichteten Räume eines ehemaligen Elektroladens: Electricity Showrooms, seit Jahren eine Szene-Institution. Bluu (der frühere Blue Note Club), in markanter, aber nicht beherrschender Lage an der Südwestecke des Hoxton Square, war, wie viele behaupten würden, das Zentrum des Drum 'n' Bass. Heute, fünf Jahre später, ist sein Interieur modern in Edelstahl gestylt, doch die DJs knüpfen an die Tradition ihrer Vorgänger an. Nebenan und eine Etage tiefer versteckt sich, gänzlich unbeschildert, ein weiterer Dauerbrenner der Gegend: Hoxton Square Bar and Kitchen. Ein paar Blocks weiter erwacht das Liquid, ein kleiner, aber witzig-bunter Hangout, nicht vor dem späten Abend zu prallem Leben. Weiter südlich, an der Great Eastern Street, findet sich ein Neuling der Szene: Medicine Bar. Die Great Eastern Dining Rooms mit Bar und Kellerlounge servieren solide panasiatische Kost.

Shopping

Wie die meisten Metropolen ist London ein Brennpunkt des Konsums, voller großer Warenhäuser, eleganter Filialen internationaler Labels und schräger Boutiquen. Am anderen Ende der Palette gibt es Dutzende von Straßenmärkten. Dank der frischen Talente an den namhaften Gestaltungsschulen Londons wuchern und blühen in der Stadt – oft abseits der ausgetretenen Shoppingpfade – Boutiquen und Fachgeschäfte. Um zu begreifen, was Style in Großbritanniens Kapitale bedeutet, muss man die Individualisten suchen, die London auf der Weltkarte der Mode zu einer festen Größe machen. Hier ist Ihr Führer zu britischen Label-Klassikern und bisher kaum bekannten Senkrechtstartern.

SONNTAGSSTAAT FÜR DIE FÜSSE

14 Emma Hope's Shoes

26 207 Westbourne Grove

Seit ihrer ersten Kollektion mit Brokat-Pantoffeln 1985 hat Emma Hope zahlreiche Design-Preise erhalten. Es ist unschwer zu erkennen, weshalb den liebevoll gestalteten Schuhen solches Lob widerfährt. Sie entstehen aus feinsten Ledern, Nappa und Wildleder und so luxuriösen Materialien wie Seidensamt, besticktem Brokat und Rips, die Emma Hope allesamt selbst entwirft und in Florenz fertigen lässt. Elegant und kunsthandwerklich geschickt, hat Hope ihr Angebot nun um passende Taschen erweitert.

HERRENSCHUHE DER SUPERLATIVE

42 John Lobb

23 88 Jermyn Street

John Lobb, den Bauernjungen aus Cornwall, der auszog, ein Schuhmacher zu werden, ernannte Edward, der Prince of Wales und spätere Edward VII., per Royal Warrant zum Hoflieferanten. Heute besitzt das Haus drei Royal Warrants. Das Geschäft ist zum Tempel des Handwerks avanciert und John Lobb als Fachmann in der Kunst des maßgefertigten Schuhs fast zu dessen Synonym. Jedes Paar wird nummeriert und mit eigenen Spannern ausgestattet. Hirsch-, Kalbs- und Straußenleder sind nur einige der angebotenen Ledersorten.

SCHUHE FÜR DEN GROSSEN AUFTRITT

28 **Manolo Blahník**

9 49–51 Old Church Street

Ein absolutes Muss für Schuhliebhaber: Manolo Blahníks in Gold gefasste Boutique mit dramatisch inszenierten Auslagen, die Schuhe zu Kunstobjekten erheben. Und genau das sind sie, wie Blahníks Kunden aus aller Welt wissen: Madonna sagt, sie seien »besser als Sex«. Hinter jedem Paar »Manolos«, an das der auf den Kanaren geborene Künstler stets selbst letzte Hand anlegt, verbirgt sich ein hohes Maß an Planung, Gestaltung und handwerklichem Können. Die Leder werden in hellen Kontrastfarben wie Pink und Gelb oder Türkis und Limonengrün gefärbt. Seit seiner Entdeckung durch die legendäre Moderedakteurin Diana Vreeland 1970 ist Blahníks Ruhm fest begründet. Die US-Kultserie *Sex and the City* rückte seinen Namen erneut ins Licht der Öffentlichkeit. Dennoch ist er der Perfektionist geblieben, der jeden Schritt der Gestaltung und Herstellung persönlich überwacht. Seine erste Boutique in Chelsea ist der Ort, um sich ein Original zu kaufen.

DER NEUE KLASSIKER

14 **Paul Smith**

12 Westbourne House, 122 Kensington Park Road

Mit achtzehn fing er als Handlanger in einem Kleiderlager an, heute ist er wahrscheinlich Englands bekanntester Designer für Herrenmode: Paul Smith. Aber obwohl sein Ruf als Schöpfer cool-eleganter Herrenmode – vor allem in Japan – fest begründet ist, ist er in England vergleichsweise spärlich vertreten. Seit er sich auch in der Einrichtungs-, Damen- und Kindermode engagiert, steht sein erster Shop in Covent Garden (S. 54) zunehmend im Schatten seines Designerkaufhauses im Westbourne House in Notting Hill. Smith hat sich den Traum aller Modeschöpfer erfüllt und ein großes viktorianisches Eckhaus mit zwei Schaufensterfronten erworben, das er nach eigenen Vorstellungen ausgestattet hat. Neben seinen vollständigen Einrichtungs- und Modekollektionen lockt hier Smiths erste Maßschneiderei. Smiths Mode mag es in vielen Geschäften geben, aber nur das Westbourne House beschert einen Blick in seine höchst persönliche Welt.

ELEGANTE KLEIDUNG NEU ERFUNDEN

42 **Savile Row**

7
- Richard James, Nr. 29
- William Hunt, Nr. 41
- Anderson & Sheppard, Nr. 30

Die berühmteste Straße der Welt für Herrenanzüge bedarf an sich keiner einführenden Worte, aber die Zeiten ändern sich und der Trend, Klassiker zu überholen, beeinflusst den Look in Savile Row. Von Neuerern wie Ozwald Boateng (S. 166) angeführt, greift eine Generation mutiger, fast respektloser junger Maßschneider nach der Macht. Zwischen traditionsbewussten Geschäften finden sich freche Talente wie der vom British Fashion Council ausgezeichnete Richard James, der mit modernen Schnitten eine jüngere Klientel begeistert. Einen Blick in die Vergangenheit wirft man in den zeitlosen Hallen des alteingesessenen Geschäfts Anderson & Sheppard, wo sich das Königshaus einkleidet und Modestar Alexander McQueen (S. 173) als 17-jähriger Lehrling zu schneidern begann. Die kleidsame Eleganz der Kollektion von William Hunt hat ihm eine Reihe von Fans aus der Musikbranche eingebracht.

MASSGESCHNEIDERTE MEISTERSCHAFT

42 Ozwald Boateng

8 9 Vigo Street

Niemand hat so viel Bewegung in die Welt der »traditionellen« Herrenmode gebracht wie Ozwald Boateng. Er orientiert sich an klassischen Anzügen und frischt sie mit einem Hauch Exotik und einem Gespür für Schnitt und Farbe auf, er verwandelt die Grundformen und erhält trotzdem ihren Charakter. Farben, Muster und Stoffe, über die man(n) bisher die Nase gerümpft hat, kommen in Boatengs »maßgeschneiderter Mode« zu neuen Würden. Seine Anzüge sind die gefragtesten Londons – für Mutige mit dem nötigen Kleingeld.

DAS RUNDUM-WARENHAUS

42 Selfridges

4 400 Oxford Street

Vor nicht allzu langer Zeit war Selfridges ein gewaltiges Kaufhaus mit einer imposanten Fassade, aber langweiligem Sortiment. Bis 1996 Vittorio Radice die Bühne betrat. Seine Erfahrung als Einkäufer für Habitat hatte ihn mit der designkundigen Szene und ihrem unstillbaren Hunger nach Neuem vertraut gemacht. Radice reanimierte den kränkelnden Riesen, schuf neue Abteilungen, renovierte das Haus, brachte brandheiße Labels, Talente, einen neuen Look und Atmosphäre in das Rundum-Warenhaus für anspruchsvolle Konsumenten.

EINE STRASSE VOLLER HEMDEN

42 Jermyn Street

24
- Harvie & Hudson, Nr. 97
- Turnbull & Asser, Nr. 71–72
- J. Floris, Nr. 89
- Dunhill, Nr. 48

Die Straße der Herrenhemdenschneider ist ein Muss für alle auf der Suche nach authentischen englischen Stücken, ob Hemd oder Schuh. Harvie & Hudson, gegründet 1929, finden Sie im Haus Nr. 97. Selbst wenn der traditionelle Stil nicht nach Ihrem Geschmack ist, die noble viktorianische Schaufensterfront lohnt den kurzen Weg. Feine Stoffe ganz anderer Art gibt es bei J. Floris, dem ältesten Parfümeur Londons – 1730 von Juan Famenias Floris aus Menorca als Barbierladen gegründet. Das Ladeninnere schmücken Flaschen mit Düften, Kerzen, Seifen und Lotionen. Manche sind in spanischen Mahagonivitrinen ausgestellt, die man 1852 auf der Weltausstellung erwarb. In Sachen Hemden geht nichts über Turnbull & Asser, das wohl renommierteste Geschäft der Straße. Vornehme Perlmuttknöpfe, speziell gewobene Sea-Island-Baumwolle für den feinsten Herrenhemdenstoff und breite 3-Knopf-Manschetten gehören zu den Markenzeichen. Dunhill ist aus dem Tabakgeschäft Alfred Dunhill hervorgegangen. Heute ist das Unternehmen weltweiter Lieferant edler Herrenmoden mit moderner Note.

98

Eley Kishimoto

17 40 Snowfields

Eley Kishimoto ist einer der brandheißen Namen der Londoner Fashion-Szene. Modeinsidern zwar ein Begriff, sind viele der Designer fast unbekannt, weil kaum über sie geschrieben wird. Mark Eley und seine japanische Frau Wakako Kishimoto erhielten beide ihre Ausbildung in England. In einer ehemaligen Marmeladenfabrik in Bermondsey richteten sie Werkstatt und Fertigung ein. Ihre Entwürfe werden weltweit verkauft, ihr einziger Ausstellungsraum aber befindet sich hier. Die einzigartigen Druckmotive – ihr Markenzeichen – zeichnet Kishimoto von Hand. Dann werden sie auf alles Erdenkliche übertragen: Stoffe, Reisetaschen, sogar Tapeten. Angefangen haben sie mit Mustern für Top-Designer wie Alexander McQueen (S. 173), Nicole Farhi und Hussein Chalayan. Dann begannen sie zweimal im Jahr eigene Prêt-à-porter-Kollektionen vorzustellen. Seitdem sind sie mit ihren unvergleichlichen Designs, die haarscharf am Kitsch vorbeigehen, auf Erfolgskurs. Ihre Zukunft scheint rosig, denn sie sprechen nicht nur die Modeelite an. Greifen Sie zu, solange Sie können.

DESIGN AUF BESTELLUNG

42 **Oki-Ni**

9 25 Savile Row

Oki-Ni ist der Inbegriff eines Concept Stores, nicht nur weil die Produktpalette ein bestimmtes Lifestyle-Design skizziert, sondern weil Sie nichts aus dem Laden mitnehmen können. Alles, ob Hosen oder Turnschuhe, ob Jacken oder Hemden, kann ausschließlich über www.oki-ni.com bezogen werden. Oki-Ni ist keineswegs ein Restposten-Versandhaus für Designerware. Vielmehr kooperiert das in London ansässige Designunternehmen mit handverlesenen Marken und Modeschöpfern, um Artikel zu entwerfen, die – in limitierter Auflage gefertigt – nur über die Internetseite von Oki-Ni erhältlich sind. Zu ihren exklusiven Mittätern gehören Adidas, Evisu, Levis®, Fake London, Cockfighter, Dennis Morris, Motorola und Paul Smith. Die Befriedigung, im Laden ein Einzelstück zu ergattern, bleibt Ihnen allerdings verwehrt. Was nicht heißt, dass Sie auf ein besonderes und möglicherweise einzigartiges Stück verzichten sollen. Sie müssen nur auf die Post warten können.

GLAMOURÖSE KLUNKER

86 **Lara Bohinc 107**

20 51 Hoxton Square

Cameron Diaz, Björk, Lucy Liu und Sarah Jessica Parker zählen zu den Stars, die dem Zauber von Lara Bohincs hochmodernem und sehr femininem Schmuck erlegen sind. Bisher waren ihre Kreationen nur in Luxuskaufhäusern zu haben. Jetzt hat die slowenische Designerin im kreativen Mekka am Hoxton Square einen eigenen Shop. Dort gibt es *Drops,* ihre von den 1920ern und 1930ern beeinflusste Kollektion, die Serie *Ovals* mit Neuinterpretationen moderner Klassiker sowie die vom Hip-Hop-Stil inspirierte Linie *Curb*.

DER FEINE UNTERSCHIED

14 **Dinny Hall**

27 200 Westbourne Grove

Trotz des hochkarätigen Kundenkreises und der Furore, die ihre Stücke in der Modepresse gemacht haben, huldigt Dinny Halls Schmuck dem Understatement. Die Linienführung ist schlicht und der Schliff der Halbedelsteine entsprechend elegant. Halls Ruf als britische Spitzendesignerin bestätigte 2000 der Auftrag, eine Kollektion für Tate Modern zu entwerfen. Der handgefertigte Schmuck entsteht im Atelier beim Laden am Westbourne Grove, und die Preise sind geradezu lächerlich vernünftig, bedenkt man die Schönheit der Stücke.

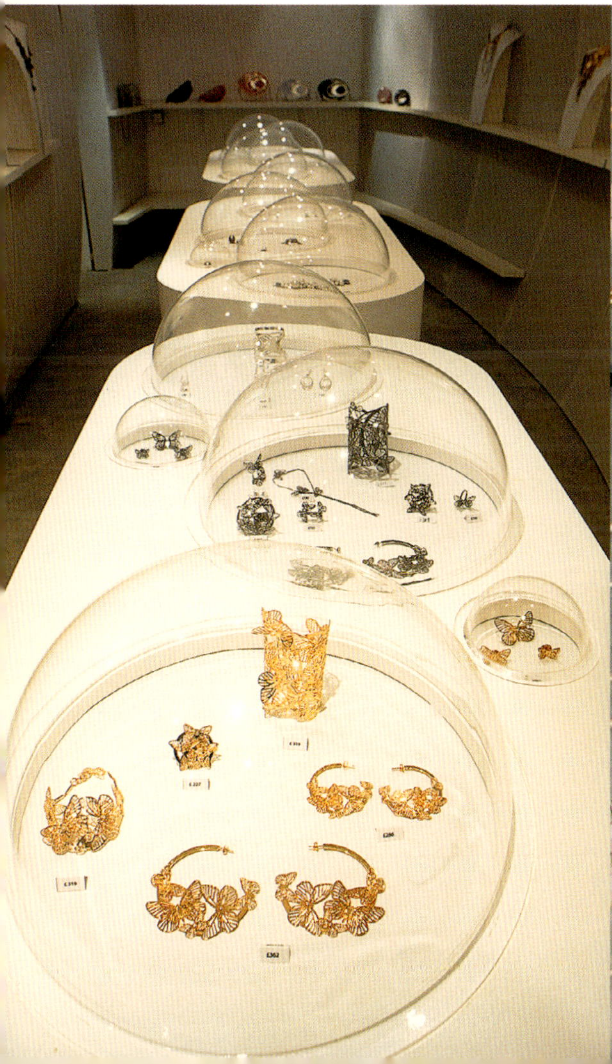

TOP-HÜTE

28 **Philip Treacy**

19 69 Elizabeth Street

Der Ire Philip Treacy geht das Hutmacherhandwerk an wie ein Bildhauer. Seine erste Modenschau brachte er 1993 mit Christy Turlington, Kate Moss und Naomi Campbell auf den Laufsteg. Doch auch ohne Models sind seine Kreationen spektakulär, sei es der von einer Seidenrose gekrönte blassrosa Zylinder, aus dessen Hutband grüne Blätter wuchern, oder der hauchzarte Wirbel über einer gepflegten Stirn. Treacy entwirft für einen exklusiven Kundenkreis, gestaltet aber auch eine Kollektion für Normalsterbliche, die der Shop führt.

ZAUBERHAFTER SCHMUCK

14 **Solange Azagury-Partridge**

24 171 Westbourne Grove

An der rubinroten Fassade weist kein Schild den Weg zum Juweliergeschäft von Solange Azagury-Partridge. Trotzdem sind Besucher willkommen. Um die Dame persönlich anzutreffen, müssen Sie einen Termin vereinbaren. Nach einigen Jahren bei den Modeschmuckdesignern Butler & Wilson (S. 32) ist Azagury-Partridge heute eine von Großbritanniens schöpferischsten Schmuckdesignern. Ihre kühnen und barocken Schöpfungen aus 18-karätigem Gelbgold, Weißgold, Roségold und Platin sind farbenprächtig, formenreich und witzig.

MODE MIT STARQUALITÄT

42 **Stella McCartney**

17 30 Bruton Street

Ihr Talent – nicht ihr Familienname – hat Stella McCartney aus den Reihen britischer Jungdesigner an die Spitze des Hauses Chloé und mit einem eigenen Label zum Star der Fashion-Szene aufsteigen lassen. Schon ihre erste Boutique in New York war ein Erfolg. Sie kombiniert gerne bauschige Elemente und eng anliegende Schnitte. Pfiffige, feminine Details, eine weite Blusenschulter, lockere Manschetten und geschickte Abnäher betonen die Körperform. Ihr neuer Shop am Bruton Place steht McCartneys Kreationen an schönen Details kaum nach. Das georgianische Stadthaus mit großzügigen Räumen und Stilelementen der Zeit wurde renoviert. Ein gläsernes Atrium führt in den Schuhsalon, wo sich unter den frechen, sexy Schuhen auch das Label »suitable for vegetarians« findet. Holzböden, ein dezentes Waldmotiv an den Wänden und pflaumenfarbener Teppich auf einer Wendeltreppe, Dessous und wie Kleinode verteilte Flakons erzeugen ein zauberhaftes Boudoir-Ambiente, das McCartneys Stücke in Szene setzt, ohne von ihnen abzulenken.

SCHOCK-EFFEKT

42 **Alexander McQueen**

21 4–5 Old Bond Street

Einst Enfant terrible der britischen Modewelt, heute einer der führenden Modeschöpfer der Welt – Alexander McQueen bewegt die Modewelt, seit die Fashion-Ikone Isabella Blow 1995 seine gesamte Abschlusskollektion erwarb. Seine Lehrzeit begann er im Alter von 16 bei den Schneidern der Savile Row. Später arbeitete er für Kostümbildner im Theater und erlernte das Schnittzeichnen an Entwürfen aus dem 16. Jahrhundert. Nach fünf Jahren als Chefdesigner bei Givenchy begann er sich auf sein Label zu konzentrieren. McQueen eröffnete exklusive Shops und entwarf Brillen, ein eigenes Parfüm und eine Herrenkollektion. Für seine theatralischen Modenschauen ist er fast so bekannt wie für seine Mode, die bewusst Altes und Neues, raffinierte Linien, dramatische Gesten und »brutal präzise Schnitte« verknüpft. Diese Boutique aus dem Jahr 2003 – dem Jahr, in dem McQueen den Orden »Commander of the British Empire« erhielt – liefert die dynamische Kulisse für McQueens Markenzeichen: aufregende Formen und Strukturen. Sie haben ihm eine Reihe illustrer Kunden gewonnen – und einen Platz unter den ganz Großen der Modewelt.

SILBERPRINZ

28 **David Mellor**

16 4 Sloane Square

Der Silberschmied David Mellor, gekürt mit dem Titel Royal Designer for Industry, handelt nach dem einfachen Prinzip, dass gut gestaltete Objekte das Leben besser machen können. In Sheffield geboren, hat er ein Leben lang mit Metall gearbeitet und wurde oft der »Besteck-König« genannt. In seinem 1969 eröffneten Geschäft am Sloane Square verkauft er eine breite Auswahl an Küchenaccessoires, ein eigenes Tafelgeschirr und die eigene Besteck-Kollektion. Sie wird in England hergestellt und ist in Silber oder Edelstahl erhältlich.

VINTAGE-MODE

14 **Rellik**

4 8 Golborne Road

Im angesagten Ladbroke Grove, gegenüber von Myro Goldfingers Triumph des Brutalismus, dem Trellik Tower, liegt Rellik, der Secondhandshop mit dem gewissen Etwas, das treue Kunden und die Redakteure der Modegazetten zu schätzen wissen. Drei ehemalige Händlerinnen vom Markt an der Portobello Road – jede mit eigenem Spezialgebiet – bieten hier Vintage-Mode der 1920er und später, Prêt-à-porter, aber auch Couture an. Wenn Sie intensiv suchen, finden Sie vielleicht den einen oder anderen Klassiker von Vivienne Westwood.

ART DÉCO EXTRAORDINAIRE

60 **Gallery 1930 / Susie Cooper Ceramics**

1 18 Church Street

Londons umfangreichste Art-déco-Sammlung an Keramiken, Möbeln und Lampen finden Sie in einem kleinen, aber üppig bestückten Geschäft in der Church Street. Geoffrey Peake und Nick Jones eröffneten ihren Handel mit einem Stand bei Alfie's, wo sie vor allem die Arbeiten der »wichtigsten englischen Designer« seit den 1920ern verkauften. Inzwischen haben sie eigene Räume bezogen und bieten u. a. wagemutig gemusterte Gefäße von Clarice Cliff und die in satten Tönen gehaltenen Wedgwood-Kreationen von Keith Murray an.

LEDER DE LUXE

14 **Bill Amberg**

21 10 Chepstow Road

Wenn Sie Leder so sehr lieben wie Bill Amberg, werden Sie alles lieben, was Bill Amberg tut. Seine Affinität zum Material lässt ihn Dinge entwerfen, über die man mit der Hand streicht, in die man versinkt oder über die man geht, von Böden aus Rindsleder bis zu Schubladeneinlagen aus Pergament. Die Damenhandtaschen sind geräumig und verzichten ebenso wie die modernen, weichen Koffer und die Accessoires für Herren auf Schnickschnack. Amberg legt Wert auf gute Form, vollkommene Verarbeitung, edle Struktur und satte Farben.

Raus aus der Stadt

Es stimmt wohl, dass man das »echte« England auf dem Land findet und nicht in der Stadt. Viele Ausflugsgegenden in direkter Umgebung des Betondschungels London passen sich häufig nur den Vorstellungen der Stadtbewohner vom idyllischen Landleben an. Doch es ist nicht schwer, authentische Flecken zu entdecken – am Meer, auf dem Land, in kleinen Orten. Sie wirken, als lägen Welten zwischen ihnen und London, obwohl sie kaum mehr als eine Zugstunde entfernt sind. Die vier hier vorgestellten Erholungsziele bieten ganz unterschiedliche Eindrücke. Jedes aber ist ureigenst englisch und nach Tagen der Reizüberflutung im Getümmel der Stadt ein idealer Ausgleich.

AN ENGLANDS KÜSTE

Brighton: Kultiges Seebad

- Blanch House
- Hotel Pelirocco

Im 19. Jh. tummelte sich hier die königliche Familie – heute ist Brighton ein hippes Partyziel der Clubberszene, kaum mehr als eine Stunde von London entfernt. Stimuliert durch die Studenten der örtlichen Universität, ist seine Nachtclubszene eine der umtriebigsten Großbritanniens. Eine hohe Konzentration an Musik- und Juweliershops, ganze Viertel mit schmalen, autofreien Gassen und die offene, weite Strandpromenade bilden ein cooles Gemisch aus Kitsch, Fun, Design und Dekadenz.

Die Innenstadt besteht aus vier Vierteln: North Laine, ein feinmaschiges Netz leuchtend bunter Häuser mit frechen Boutiquen und Bars; The Lanes, ein Wirrwarr noch engerer Gassen, voll mit Modeläden und Juwelieren; Seafront, mit der Seepromenade und den Arches, einer langen Kolonnade mit Restaurants und Bars, von denen sich viele abends in Clubs verwandeln; und schließlich Kemp Town auf der Ostseite des Piers, zwischen St James Street und Marina Drive, mit einer entspannteren Atmosphäre.

Zu beiden Seiten der Spaßmeile liegt jeweils ein Hotel, das perfekt in die Szene passt. Das 2001 von Amanda Blanch und Chris Edwardes eröffnete Blanch House ist ein bezauberndes 12-Zimmer-Hotel in Kemp Town – behaglich, die Zimmer thematisch witzig und einfallsreich dekoriert. Das kleine Hotelrestaurant bringt Britisch-Modernes auf den Tisch. Das Hotel Pelirocco am Regency Square ist vom Keller bis zum Dach auf Rock 'n' Roll eingestellt (nur nicht so laut). Playstations in jedem der eigenwillig gestalteten Zimmer und eine Gästeschar aus Londons trendiger Musikszene haben dem Hotel internationale Aufmerksamkeit und eine bunte Anhängerschaft beschert.

Für eine so kleine Stadt ist die Dichte an hippen Shops ausgesprochen hoch. Sie bieten eine breite Warenpalette an: Streetwear und Kunsthandwerk neben 70er-Jahre-Möbeln und Deko-Objekten, aber auch Bademoden und Drachen. Nicht verpassen darf man den Royal Pavilion, ein von George IV. 1785 als Wohnsitz erbautes Lustschlösschen im indischen Stil – ein angemessenes Symbol für Brightons Ausgelassenheit und ungezügelte Lebenslust.

HERRSCHAFTLICHER SCHICK

Bath und Babington House: Georgianische Pracht, moderner Stil

Somerset

Londoner zieht es wohl schon seit der Zeit zur Erholung nach Bath, als die Römer hier heiße Quellen entdeckten. Aber erst auf dem Höhepunkt seiner Beliebtheit in der eleganten Welt der Reichen im 18. Jh. schufen englische Architekten wie Robert Adam herrliche neoklassizistische Bauten aus goldgelbem Sandstein, die Bath, kaum eine Zugstunde von London entfernt, zu einer der malerischsten Städte Englands machen. Das Herz der Stadt ist das Ensemble aus der Abbey Church (1616), den Römerthermen mit Museum und dem Pump Room, einem prunkvollen Tearoom aus dem 18. Jh., der ein wenig von dem Flair der Gesellschaft von Bath erahnen lässt, die Jane Austen so treffend beschrieb. Im leicht erhöht gelegenen Nordwesten, in der Nähe von Park und botanischem Garten, steht ein Meisterwerk der Baukunst des 18. Jhs.: The Royal Crescent.

Restaurants und Herbergen gibt es viele in Bath, aber eine besonders schicke Ausgangsbasis für Unternehmungen liegt wenige Kilometer außerhalb bei Frome: der frühgeorgianische Landsitz Babington House, wo sich der Charme des 18. Jhs. und moderne Ausstattung auf das Angenehmste verbinden. Nick Jones, der Name hinter dem Soho Club und dem Electric Cinema (S. 23) in London, verwöhnt eine anspruchsvolle Städterschar mit allem Komfort: beheizter Pool, ein Kino, eine Bar mit Clubatmosphäre und ein Feinschmeckerlokal. Gesellschaftsräume mit Möbeln zeitgenössischer Designer und Zimmer mit rustikalem Schick, der dem Baustil seinen Respekt zollt, haben das Herrenhaus in einen Ort mit einzigartigem Ambiente verwandelt. Fitnessstudio und Wellnessbereich im einstigen Kuhstall mit Blick auf zwei Schwimmbecken runden das Bild ab. Hier harmoniert jedes Detail mit Baths Geschichte als Vorreiter der neuesten Mode: Nichts fehlt, was ein georgianischer Aristokrat erwarten würde, hätte es ihn in das 21. Jahrhundert verschlagen. Im lichtdurchfluteten Frühstücksraum gibt es zu fast allen Tageszeiten etwas zu essen, und das Restaurant reicht Gerichte, die lokale Erzeugnisse und Bioprodukte auf das Feinste veredeln.

The Waterside Inn II

IDYLLE AM FLUSS

Bray: Ein Ziel für Gourmets

- The Waterside Inn
- The Fat Duck
- The Hind's Head
- Monkey Island Hotel

Nur 45 Minuten dauert die Fahrt von Londons Bahnhof Paddington zur wahrscheinlich dichtesten Michelin-Stern-Konzentration auf dem Land. In dem Themse-Städtchen Bray aus dem 16. Jh. haben The Waterside Inn und The Fat Duck – beide in umgebauten Landgasthöfen – höchste Standards in kulinarischer Vollendung gesetzt.

The Waterside Inn gehört Albert und Michel Roux, den Brüdern, die 1967 mit der Eröffnung des Le Gavroche Londons Gastroszene umkrempelten. Michel und sein Sohn Alain, der in jüngster Zeit Gourmetkritiker zu begeisterten Besprechungen hinreißt, führen das Waterside Inn mit einem Elan und einer Eleganz, die ihre klassisch-moderne französische Cuisine zur Institution machen. Trotz herausragendem Essen und Service wirken das umgebaute Wirtshaus und der Speisesaal mit Blick auf den Fluss bemerkenswert leger – das Landleben mildert demokratisch den Hang zur Förmlichkeit.

Ein Lokal, das sich völlig andere hohe Ziele setzt, ist The Fat Duck. Seit Heston Blumenthal 1995 eröffnete, erforscht er innovative Methoden des Kochens. Intensive Forschung in den Bereichen Chemie, Psychologie und Sinneswahrnehmung – eine Herangehensweise, die sich den Namen »molekulare Gastronomie« verdient hat – erzielt in geradezu revolutionärer Weise eine Vielfalt an Geschmackserlebnissen, Stimmungen und Erinnerungen. Seit kurzem verzaubert Blumenthal mit seiner Kunst auch die klassischen Pub-Schnellgerichte im nahen Hind's Head. Das Pub ist die ideale Alternative, wenn man ein formloses Mahl in ungezwungener Umgebung vorzieht.

Wer zu satt ist, um sich noch zu rühren, nimmt eines der zehn Zimmer, die The Waterside Inn in Haupt- und Nebengebäude zu bieten hat. In der Nähe beider Restaurants führt eine Fußgängerbrücke zu einem historischen Anwesen auf einer winzigen Themse-Insel: Monkey Island Hotel. Fast alle der 26 Zimmer locken mit Blick auf den Fluss oder den Garten.

ELISABETHANISCHER SCHLUPFWINKEL

Gravetye Manor: Das perfekte Landhaus-Erlebnis

East Grinstead, West Sussex

Keine 45 Kilometer südwestlich von London liegt, eingebettet in Hunderte von Hektar Wald, eines der luxuriösesten Landhaushotels in Englands Südosten. Nach 50 Minuten Zugfahrt von London Victoria erreicht man das Städtchen East Grinstead in Sussex. Eine kurze Taxifahrt durch sattgrüne Landschaft führt zum historischen Gravetye Manor. Die meisten elisabethanischen Elemente des 1598 von Richard Infield für seine Frau Katherine errichteten Herrenhauses sind erhalten geblieben, trotz langer Phasen der Vernachlässigung. Einige Fenster sind noch mit zierlichen schmiedeeisernen Gittern verziert. Sie blicken auf weitläufige Gärten und Felder, die der berühmte englische Landschaftsgärtner William Robinson angelegt und gestaltet hat. Robinson erwarb den Besitz 1884 und lebte hier bis zu seinem Tod 1935. Er legte Gärten für Kleinpflanzen und Blumen, für Bäume und Ziersträucher an und leistete Pionierarbeit als Befürworter des englischen Natur- bzw. Wildgartens. Seine Gartenarrangements tragen wesentlich zum Reiz von Gravetye Manor bei, das Peter Herbert 1958 in ein Hotel umwandelte.

Die Inneneinrichtung ist umwerfend. Warme, in Holz gehaltene Zimmer, bedruckte englische Stoffe, historische Porträts und Blumen unterstreichen den formlosen, aber höchst aufmerksamen Service, der dem Gast das Gefühl vermittelt, in dieser Welt des Luxus aus vergangener Zeit wirklich willkommen zu sein. Zwei holzgetäfelte Salons mit prasselnden Holzfeuern laden zum ruhigen Lesen und Entspannen, zu Drinks oder Tee ein. In dem von Mark Raffan geführten Restaurant mit Michelin-Stern muss man reservieren. Vor oder nach dem Lunch ist die beste Zeit für einen Spaziergang durchs Grüne zu einem rustikalen Pub in einem der umliegenden Dörfer.

Die Zimmer sind traditionell englisch eingerichtet. Eine schräge Decke hier oder ein schiefer Boden dort gehören zum Charakter dieses liebevoll gehegten alten Besitzes. Peter und Susan Herbert bemühen sich um eine Stimmung, die »nicht trendy ist, aber auch nicht altmodisch und steif«. Ihre 40-jährige Erfahrung mit dem Haus und seinen Gästen wird sicher dafür sorgen, dass diese wunderbare Herberge noch lange erhalten bleibt.

Adressen-verzeichnis

Die internationale Landesvorwahl für Großbritannien lautet +44, die Vorwahl der Stadt London 20. Rufen Sie aus dem Ausland an, wählen Sie deshalb (+44 20) und anschließend die individuelle Rufnummer.
Im Abschnitt »Raus aus der Stadt« sind die Telefonnummern mit der Ortsvorwahl aufgeführt. Wenn Sie aus dem Ausland anrufen, ersetzen Sie die 0 am Anfang der angegebenen Nummer durch die britische Landesvorwahl +44.

Adam Street 135
9 Adam Street
London WC2N 6AA
T 7379 8000
F 7379 1444
E reception@adamstreet.co.uk
W www.adamstreet.co.uk

The Admiralty 57
Somerset House
The Strand
London WC2R 1LA
T 7845 4646
W www.somerset-house.org.uk

Alexander McQueen 173
4–5 Old Bond Street
London W1S 4PD
T 7355 0088
W www.alexandermcqueen.co.uk

Almeida Theatre 81
Almeida Street
London N1 1TA
T 7359 4404
W www.almeida.co.uk

Amphitheatre Café & Restaurant 54
Royal Opera House, Covent Garden
London WC2E 9DD
T 7212 9254
F 7212 9239
E searcys@roh.org.uk
W www.royalopera.org

Anchor & Hope 102
36 The Cut
London SE1 8LP
T 7928 9898

Anderson & Sheppard Ltd 165
30 Savile Row
London W1S 3PT
T 7734 1420
F 7734 1721

Anglesea Arms 154
15 Selwood Terrace
London SW7 3QG
T 7373 7960

Annie's 81
12 Camden Passage
London N1 8ED
T 7359 0796
F 7359 2116

Antoni & Alison 74
43 Rosebery Avenue
London EC1R 4SH
T/F 7833 2002
E info@antoniandalison.co.uk
W www.antoniandalison.co.uk

Anya Hindmarch 37
15–17 Pont Street
London SW1X 9EH
T 7838 9177
F 7838 9111
W www.anyahindmarch.com

Anything Left-Handed 49
57 Brewer Street
London W1F 9UL
T 7437 3910
W www.anythingleft-handed.co.uk

aquaint 57
38 Monmouth Street
London WC2H 9EP
T 7240 9677
F 7240 4209

Ashbells 20
29 All Saints Road
London W11 1HE
T 7221 8585
E info@ashbells-uk.com
W www.ashbells-uk.com

Asprey 47
167 New Bond Street
London W1S 4AY
T 7493 6767
F 7491 0384
W www.asprey.com

@Work 90
156 Brick Lane
London E1 6RU
T/F 7377 0597
W www.atworkgallery.com

Baby Ceylon 17
Unit 16, Portobello Green Arcade
281 Portobello Road
London W10 5TZ
T 8968 9501

Baltic 101
74 Blackfriars Road
London SE1 8HA
T 7928 1111
F 7928 8487
E info@balticrestaurant.co.uk
W www.balticrestaurant.co.uk

Bam-Bou 64
1 Percy Street
London W1T 1DB
T 7323 9130
F 7323 9140
W www.bam-bou.co.uk

Bed Bar 17
310 Portobello Road
London W10 5TA
T 8969 4500

Ben Day 90
18 Hanbury Street
London E1 6QR
T 7247 9977
E info@benday.co.uk
W www.benday.co.uk

Bermondsey Market 107
Bermondsey Square
London SE1

Bibendum Oyster Bar 31
Michelin House, 81 Fulham Road
London SW3 6RD
T 7589 1480
F 7823 7925
E manager@bibendum.co.uk
W www.bibendum.co.uk

Bill Amberg 175
10 Chepstow Road
London W2 5BD
T 7727 3560
F 7727 3541
W www.billamberg.com

The Blackfriar 153
174 Queen Victoria Street
London EC4B 4EG
T 7236 5474

Blenheim Books 20
11 Blenheim Crescent
London W11 2EE
T 7792 0777
E sales@blenheimbooks.co.uk
W www.blenheimbooks.co.uk

Blue Bar 150
The Berkeley Hotel
Wilton Place
London SW1X 7RL
T 7201 1680
F 7235 4330
W www.the-berkeley.co.uk

Bluu Bar 159
1 Hoxton Square
London N1 6NU
T 7613 2793

Boiler House 90
Brick Lane,
gegenüber Truman Brewery
London E1

bookartbookshop 92
17 Pitfield Street
London N1 6HB
T 7608 1333

Books for Cooks 20
4 Blenheim Crescent
London W11 1NN
T 7221 1992
E booksforcooks.com
W www.booksforcooks.com

Boyd 37
42 Elizabeth Street
London SW1W 9NZ
T 7730 3939

Brick Lane Beigel Bake 90
159 Brick Lane
London E1 6TS
T 7729 0616

Browns + Browns Focus 44
Browns: 23–27 South Molton Street
London W1K 5RD
Browns Focus: 38–39 South Molton Street
London W1K 5RN
T 7514 0000
F 7408 1281
W www.brownsfashion.com

Burlington Arcade 48
Von Piccadilly abgehend
London W1
W www.burlington-arcade.co.uk

Burro 54
29 Floral Street
London WC2E 9DP
T 7240 5120
F 7379 7465
E sales@burro.co.uk
W www.burro.co.uk

Butler & Wilson 32
189 Fulham Road
London SW3 6JN
T 7352 3045
F 7376 5981
E info@butlerandwilson.co.uk
W www.butlerandwilson.co.uk

Butlers Wharf Chop House 105
The Butlers Wharf Building
36e Shad Thames
London SE1 2YE
T 7403 3403
F 7403 3414
W www.conran-restaurants.co.uk

Cadogan London 116
75 Sloane Street
London SW1X 9SG
T 7235 7141
F 7245 0994
W www.cadogan.com

Café 1001 90
Dray Walk
Brick Lane
London E1

Canal 82
42 Cross Street
London N1 2BA
T 7704 0222

Cantina del Ponte 105
The Butlers Wharf Building
36c Shad Thames
London SE1 2YE
T 7403 5403
F 7403 4432
W www.conran-restaurants.co.uk

Cargo 158
83 Rivington Street
London EC2A 3AY
T 7739 3440
F 7739 3441
W www.cargo-london.com

Carhartt 51
13 Newburgh Street
London W1F 7RS
T 7287 6411

Caroline Groves 63
37 Chiltern Street
London W1U 7PW
T 7935 2329
W www.carolinegroves.co.uk

Cath Kidston 18
8 Clarendon Cross
London W11 4AP
T 7221 4000
F 7229 1992
W www.cathkidston.co.uk

Chelsea Physic Garden 35
66 Royal Hospital Road
London SW3 4HS
T 7352 5646
F 7376 3910
W www.chelseaphysicgarden.co.uk

Christ Church, Spitalfields 90
Commercial Street
London E1 6QE
T 7247 0165

Cinch 51
5 Newburgh Street
London W1V 1LH
T 7287 4941
F 7287 6496

Cinnamon Club 139
30 Great Smith Street
London SW1P 3BU
T 7222 2555
F 7222 1333
E info@cinnamonclub.com
W www.cinnamonclub.com

Claridge's 47
55 Brook Street
London W1A 2JQ
T 7629 8860
F 7499 2210
E info@claridges.co.uk
W www.claridges.co.uk

Coco de Mer 57
23 Monmouth Street
London WC2H 9DD
T 7836 8882
F 7836 8881
W www.coco-de-mer.co.uk

Columbia Road Flower Market 94
Columbia Road
London E2
W www.Columbia-flower-market.freewebspace.com
Geöffnet Sonntag 8–14 Uhr

Comfort & Joy 82
109 Essex Road
London N1 2FL
T 7359 3898

Contemporary Applied Arts 66
2 Percy Street
London W1T 1DD
T 7436 2344
F 7436 2446
W www.caa.org.uk

Cornelissen & Son 68
105 Great Russell Street
London WC1B 3RY
T 7636 1045
F 7636 3655
E info@cornelissen.co.uk
W www.cornelissen.co.uk

Couverture 32
310 King's Road
London SW3 5UH
T 7795 1200
F 7795 1202
E info@couverture.co.uk
W www.couverture.co.uk

The Cow 138
89 Westbourne Park Road
London W2 5QH
T 7221 5400

Crafts Council 79
44a Pentonville Road
London N1 9BY
T 7278 7700
F 7837 6891
W www.craftscouncil.org.uk

The Cross 18
141 Portland Road
London W11 4LR
T 7727 6760
F 7727 6745

Cross Street Gallery 82
40 Cross Street
London N1 2BA
T 7226 8600

The Crown 79
116 Cloudesley Road
London N1 0EB
T 7837 7107
F 7833 1084
E crown.islington@fullers.co.uk

Cutler & Gross 38
16 Knightsbridge Green
London SW1X 7QL
T 7581 2250
F 7584 5702
Cutler and Gross Vintage
7 Knightsbridge Green
London SW1X 7QL
T 7590 9995
F 7590 9996
W www.cutlerandgross.co.uk

CVO Firevault 64
36 Great Titchfield Street
London W1W 8BQ
T 7580 5333
F 7255 2234
E enquiries@cvofirevault.co.uk
W www.cvo.co.uk

Daunt Books 63
83–84 Marylebone High Street
London W1U 4QW
T 7224 2295

David Mellor 174
4 Sloane Square
London SW1W 8EE
T 7730 4259
F 7730 7240
W www.davidmellordesign.com

Delfina 106
50 Bermondsey Street
London SE1 3UD
T 7357 0244
W www.delfina.org.uk

Dennis Severs's House 89
18 Folgate Street
London E1 6BX
T 7247 4013
F 7377 5548
E info@dennisseversouse.co.uk
W www.dennisseversouse.co.uk

Design Museum 107
28 Shad Thames
London SE1 2YD
T 7940 8790
W www.designmuseum.org

Designers' Guild 32
267 und 277 King's Road
London SW3 5EN
T 7351 5775
F 7243 7710
E showroom@designersguild.com
W www.designersguild.com

Designworks 52
42–44 Broadwick Street
London W1F 7AE
T 7434 1968

Dinny Hall 170
200 Westbourne Grove
London W11 2RH
T 7792 3913
F 7792 8322
E sales@dinnyhall.co.uk
W www.dinnyhall.com

The Dispensary 51
9 Newburgh Street (Damenmode)
London W1F 7RL
T 7287 8145
15 Newburgh Street (Herrenmode)
London W1F 7RX
T 7734 4095
E info@thedispensary.net
W www.thedispensary.net

$ Grills and Martinis 77
2 Exmouth Market
London EC1R 4PX
T 7278 0077

Dover Castle 63
43 Weymouth Mews
London W1G 7EQ
T 7580 4412

Dragon Bar 156
5 Leonard Street
London EC2A 4AQ
T 7490 7110

Draper's Arms 79
44 Barnsbury Street
London N1 1ER
T 7619 0348

The Drawing Room 148
Brown's Hotel,
30–34 Albemarle Street
London W1S 4BP
T 7493 6020
F 7493 9381
W www.brownshotel.com

dreambagsjaguarshoes 94
34–36 Kingsland Road
London E2 8DA
T 7729 5830
W www.dreambagsjaguarshoes.com

Duchamp 23
75 Ledbury Road
London W11 2AG
T 7243 3970
F 7243 4708
E admin@duchamp.co.uk
W www.duchamp.co.uk

Duke of Cambridge 79
30 St Peters Street
London N1 8JT
T 7359 3066
W www.singhboulton.co.uk

The Duke (of York) 69
7 Roger Street
London WC1N 2PB
T 7242 7230

Dunhill 167
48 Jermyn Street
London SW1Y 6DL
T 7290 8602
W www.dunhill.com

The Eagle 138
159 Farringdon Road
London EC1R 3AL
T 7837 1353
F 7689 5882

EC One 77
41 Exmouth Market
London EC1R 4QL
T 7713 6185
F 7833 3151
W www.econe.co.uk

Egg 38
36 Kinnerton Street
London SW1X 8EF
T 7235 9315
F 7838 9705
E egg@eggtrading.com

The Electric Cinema + Brasserie 19
191 Portobello Road
London W11 2ED
T 7908 9696
F 7908 9595
W www.electriccinema.co.uk

Electricity Showrooms 159
39a Hoxton Square
London N1 6NU
T 7739 6934
F 7739 6451

Eleven Cadogan Gardens 124
11 Cadogan Gardens
London SW3 2RJ
T 7730 7000
F 7730 5217
E letterbox@number-eleven.co.uk
W www.number-eleven.co.uk

Eley Kishimoto 168
40 Snowsfields
London SE1 3JQ
T 7357 0037
W www.eleykishimoto.com

Elk in the Woods 81
39 Camden Passage
London N1 8AE
T 7226 3535

Elspeth Gibson 37
7 Pont Street
London SW1X 9EJ
T 7235 0601
F 7235 0602
W www.elspethgibson.com

Emma Hope's Shoes 162
207 Westbourne Grove
London W11 2SE
T 7313 7490
F 7313 7491
W www.emmahope.co.uk

Emmett London 32
380 King's Road
London SW3 5UZ
T 7351 7529
F 7376 4231
4 Eldon Street
London EC2M 7LS
T 7247 1563
E info@emmettshirts.com
W www.emmettlondon.com

Estorick Collection 82
39a Canonbury Square
London N1 2AN
T 7704 9522
F 7704 9531
E info@estorickcollection.com
W www.estorickcollection.com

Euphorium Bakery 81
203 Upper Street
London N1 1RQ
T 7704 6909
F 7704 6089

Exmouth Grill 77
55–57 Exmouth Market
London EC1R 4QL
T 7833 2026
W www.exmouthgrill.co.uk

Eyre Brothers 94
70 Leonard Street
London EC2A 4QX
T 7613 5346
F 7739 8199
W www.eyrebrothers.co.uk

Family Tree 77
53 Exmouth Market
London EC1R 4QL
T/F 7278 1084
E mail@familytreeshop.co.uk
W www.familytreeshop.co.uk

Fandango 82
50 Cross Street
London N1 2BA
T/F 7226 1777
E shop@fandango.uk.com
W www.fandango.uk.com

Faraday Museum 49
21 Albemarle Street
London W1S 4BS
T 7409 2992
F 7629 3569
W www.rigb.org

Fashion & Textile Museum 106
83 Bermondsey Street
London SE1 3XF
T 7403 0222
F 7403 0555
E info@ftmlondon.org
W www.ftmlondon.org

Fino 64
33 Charlotte Street
London W1
T 7813 8010

Fiona Knapp 23
178A Westbourne Grove
London W11 2RH
T 7313 5941
E info@fionaknapp.com
W www.fionaknapp.com

Fish Shop on St John Street 79
360–62 St John Street
London EC1V 4NR
T 7837 1199
E info@thefishshop.net
W www.thefishshop.net

Flow 23
1–5 Needham Road
London W11 2RP
T 7243 0782
E info@flowgallery.co.uk
W www.flowgallery.co.uk

The Foundry 93
84–86 Great Eastern Street
London EC2A 3JL
T 7739 6900
W www.foundry.tv

Frederick's 81
106 Camden Passage
London N1 8EG
T 7359 2888
F 7359 5173
E eat@fredericks.co.uk
W www.fredericks.co.uk

The French House 51
49 Dean Street
London W1D 5BG
T 7437 2477
F 7287 9109

Gagosian Gallery 81
6–24 Britannia Street
London WC1X 9JP
T 7841 9960
8 Heddon Street
London W1B 4BU
T 7292 8222
E info@gagosian.com
W www.gagosian.com

Gallery 1930/Susie Cooper Ceramics 175
18 Church Street
London NW8 8EP
T 7723 1555
F 7735 8309
E gallery1930@aol.com
W www.susiecooperceramics.com

Gary Anderson 63
36 Chiltern Street
London W1U 7QJ
T/F 7224 2241
W www.garyanderson.com

Geffrye Museum 94
Kingsland Road
London E2 3EA
T 7739 9893
F 7729 5647
E info@geffrye-museum.org.uk
W www.geffrye-museum.org.uk

Geo F. Trumper 44
9 Curzon Street
London W1J 5HQ
T 7499 1850
E enquiries@trumpers.com
W www.trumpers.com

The George Inn 105
77 Borough High Street
London SE1 1NH
T 7407 2056

Georgina von Etzdorf 37
4 Ellis Street
London SW1X 9AL
T 7259 9715
W www.gve.co.uk

Get Stuffed 82
105 Essex Road
London N1 2SL
T 7226 1364 / 07831 260 062
F 7359 8253
E taxidermy@thegetstuffed.co.uk
W www.thegetstuffed.co.uk
Nur nachmittags geöffnet.

Ghost 25
36 Ledbury Road
London W11 2AB
T 7229 1057
F 7792 9794
W www.ghost.co.uk

Gill Wing Shops 81
182, 190, 194 & 196 Upper Street
London N1 1RQ
T/F 7359 7697

Gina 37
189 Sloane Street
London SW1X 9QR
T 7235 2932
F 7838 9720
W www.ginashoes.com

Ginger 23
115 Westbourne Grove
London W2 4UP
T 7908 1990
F 7908 1991

Ginka 30
137 Fulham Road
London SW3 6SD
T 7589 4866
F 7589 4877

Gordon's Wine Bar 151
47 Villiers Street
London WC2N 6NE
T 7930 1408

Great Eastern Dining Rooms 159
54–56 Great Eastern Street
London EC2A 3QR
T 7613 4545
F 7613 4137
W www.greateasterndining.co.uk

The Grill Room at the Dorchester 136
53 Park Lane
London W1A 2HJ
T 7629 8888
F 7409 0114
E reservations@dorchesterhotel.com
W www.dorchesterhotel.com

The Guinea 47
30 Bruton Place
London W1J 6NL
T 7499 1210

Hakkasan 133
8 Hanway Place
London W1P 9DH
T 7907 1888
F 7907 1889
E mail@hakkasan.com

Harvie & Hudson 167
97 Jermyn Street
London SW1Y 6JE
T 7839 3578
F 7839 7020
E info@harvieandhudson.com
W www.harvieandhudson.com

The Havelock Tavern 25
57 Masbro Road
London W14 0LS
T 7603 5374
E info@thehavelocktavern.co.uk
W www.thehavelocktavern.co.ui

Hazlitt's 114
6 Frith Street
Soho Square
London W1D 3JA
T 7434 1771
F 7439 1524
E reservations@hazlitts.co.uk
W www.hazlittshotel.com

Her House 76
30D Great Sutton Street
London EC1V 0DU
T 7689 0606
W www.herhouse.uk.com
Geöffnet Mittwoch–Freitag 12–19 Uhr

Home 94
100–106 Leonard Street
London EC2A 4RH
T 7684 8618
F 7684 1491
W www.homebar.co.uk

Howarth Woodwind Specialists 63
31–35 Chiltern Street
London W1U 7PN
T 7935 2407
F 7224 2564
E sales@howarth.uk.com
W www.howarth.uk.com

Hoxton Apprentice 94
16 Hoxton Square
London N1 6NT
T 7749 2828
W www.hoxtonapprentice.com

Hoxton Square Bar and Kitchen 159
2–4 Hoxton Square
London N1 6NU
T 7613 0709

Inn the Park 149
St James's Park
London SW1A 2BJ
T 7451 9999
W www.innthepark.com

Institute of Contemporary Arts (ICA) 57
The Mall
London SW1Y 5AH
T 7930 6393
W www.ica.org.uk

Isola 155
145 Knightsbridge
London SW1X 7PA
T 7838 1044

J. Floris 167
89 Jermyn Street
London SW1Y 6JH
T 0845 702 3239
E fragrance@florislondon.com
W www.florislondon.com

J. J. Fox & Robert Lewis 48
19 St James's Street
London SW1A 1ES
T 7930 3787
F 7495 0097
W www.jjfox.co.uk

J. Sheekey 50
28–32 St Martin's Court
London WC2N 4AL
T 7240 2565

The Jacksons 20
5 All Saints Road
London W11 1HA
T 7792 8336
F 7792 5687
E enquiries@thejacksons.co.uk
W www.thejacksons.co.uk

Jamaica Wine House 89
12 St Michael's Alley
London EC3V 9DS
T 7626 9496

James Smith & Son Umbrellas 68
55 New Oxford Street
London WC1A 1BL
T 7836 4731
W www.james-smith.co.uk

Janet Reger 38
2 Beauchamp Place
London SW3 1NG
T 7584 9368
F 7581 7946
E info@janetreger.com
W www.janetreger.co.uk

Jess James 51
3 Newburgh Street
London W1F 7RE
T 7437 0199
F 7437 7001
E jess@jessjames.com
W www.jessjames.com

Jo Malone 35
150 Sloane Street
London SW1X 9BX
T 7730 2100
E info@jomalone.co.uk
W www.jomalone.co.uk

Joe Tan 81
98 Caledonian Road
London N1 9DN
T/F 7837 3885

John Lobb 162
88 Jermyn Street
London SW1Y 6JD
T 7930 8089
F 7839 0981
E shop@johnlobb.co.uk

Joie 69
10 Museum Street
London WC1A 1JS
T/F 7497 5650

Julie's 18
135 Portland Road
London W11 4LW
T 7727 7985
F 7229 4050
W www.juliesrestaurant.com

Junky 90
12 Dray Walk, Truman Brewery
91 Brick Lane
London E1 6RF
T 7247 1883
E junky.styling@virgin.net
W www.junkystyling.co.uk

The King's Head 81
115 Upper Street
London N1 1QN
T 7226 1916
W www.kingsheadtheatre.org

Knightsbridge Hotel 122
10 Beaufort Gardens
London SW3 1PT
T 7584 6300
F 7584 6355
E knightsbridge@firmdale.com
W www.knightsbridgehotel.com

Koh Samui 57
65 Monmouth Street
London WC2 9DT
T 7240 4280
F 7240 3232

Labour and Wait 90
18 Cheshire Street
London E2 6EH
T 7729 6253
E info@labourandwait.co.uk
W www.labourandwait.co.uk
Geöffnet Freitag nach Vereinbarung,
Samstag 13–17 Uhr,
Sonntag 10–17 Uhr

Lara Bohinc 107 170
51 Hoxton Square
London N1 6NU
T 7684 1465
E info@larabohinc107.co.uk
W www.larabohinc107.co.uk

LASSCO St Michaels 93
St Michael's Church, Mark Street
London EC2A 4ER
T 7749 9944
F 7749 9941
E st.michaels@lassco.co.uk
W www.lassco.co.uk

Le Taj 90
134 Brick Lane
London E1 6RU
T 7247 4210
96 Brick Lane
London E1 6RL
T 7247 4210
W www.letaj.co.uk

Leighton House Museum 25
12 Holland Park Road
London W14 8LZ
T 7602 3316
W www.rbkc.gov.uk/LHLeightonHouse

Le Pont de la Tour 105
The Butlers Wharf Building
36d Shad Thames
London SE1 2YE
T 7403 8403
F 7940 1835
W www.conran-restaurants.co.uk

Lesley Craze Gallery 75
33–35a Clerkenwell Green
London EC1R 0DU
T 7608 0393
F 7251 5655
E mail@lesleycrazegallery.co.uk
W www.lesleycrazegallery.co.uk

Les Trois Garçons 94
1 Club Row
London E1 6JX
T 7613 1924
F 7613 3067
E info@lestroisgarcons.com
W www.lestroisgarcons.com

Liberty 44
214–220 Regent Street
London W1B 5AH
T 7734 1234
F 7573 9876
W www.liberty.co.uk

Lindsay House 135
21 Romilly Street
London W1D 5AF
T 7439 0450
W www.lindsayhouse.co.uk

Liquid 159
8 Pitfield Street
London N1 6HA
T 7729 0082

Liza Bruce 37
9 Pont Street
London SW1X 9EJ
T 7235 8423

London Eye 100
Jubilee Gardens
London SE1 7BP
T 0870 5000 600
W www.londoneye.com

London Harpsichord Centre 63
14 Chiltern Street
London W1U 7PY
T 7935 0789

London Silver Vaults 66
53–64 Chancery Lane
London WC2A 1QS
T 7242 3844

The Lonsdale 155
48 Lonsdale Road
London W11 2DE
T 7727 1517
W www.thelonsdale.co.uk

Lulu Guinness 37
3 Ellis Street
London SW1X 9AL
T 7823 4828
F 7823 4889
W www.luluguinness.com

Maggie Jones 25
6 Old Court Place
Kensington Church Street
London W8 4PL
T 7937 6462
F 7376 0510

Magma 57
8 Earlham Street
London WC2H 9RY
T 7240 8498
E enquiries@magmabooks.com
W www.magmabooks.com

Maharishi 54
19 Floral Street
London WC2E 9HL
T 7836 3860
F 7836 3857
E store@emaharishi.com
W www.emaharishi.com

The Main House 128
6 Colville Road
London W11 2BP
T 7221 9691
W www.themainhouse.co.uk

The Mall 81
359 Islington High Street
London N1 0PD

Manolo Blahník 163
49–51 Old Church Street
London SW3 5BS
T 7352 3863 or 7352 8622
F 7351 7314

Manor 20
6–8 All Saints Road
London W11 1HH
T 7243 6363
E mail@manorw11.com

Map House 38
54 Beauchamp Place
London SW3 1NY
T 7589 4325 or 7584 8559
F 7589 1041
E maps@themaphouse.com
W www.themaphouse.com

Marcus Campbell Art Books 102
43 Holland Street
London SE1 9JR
T 7261 0111
E campbell@marcuscampbell.demon.co.uk
W www.marcuscampbell.demon.co.uk

Mary Moore 18
5 Clarendon Cross
London W11 4AP
T 7229 5678

Marx Memorial Library 75
37a Clerkenwell Green
London EC1R 0DU
T 7253 1485
F 7251 6039
E marxlibrary@britishlibrary.net
W www.marxmemoriallibrary.sageweb.co.uk

Matthew Williamson 47
28 Bruton Street
London W1J 6QH
T 7629 6200
W www.matthewwilliamson.co.uk

Medcalf 77
40 Exmouth Market
London EC1 4QE
T 7833 3533

Medicine Bar 159
89 Great Eastern Street
London EC2A 3HX
T 7739 5173
E medicine@medicinebar.net
W www.medicinebar.net

Melbo Couture 63
39 Chiltern Street
London W1U 7pp
T 7935 8055
W www.melboshoes.co.uk

Miller Harris 23
14 Needham Road
London W11 2RP
T 7221 1545
F 7221 4370
E info@millerharris.com
W www.millerharris.com

Mint 63
70 Wigmore Street
London W1U 2SF
T 7224 4406
F 7224 4407
E info@mint-shop.co.uk

Momo 133
25 Heddon Street
London W1B 4BH
T 7434 4040
F 7287 0404
E momoresto@aol.com

Moro 77
34–36 Exmouth Market
London EC1R 4QE
T 7833 8336
F 7833 9338
E info@moro.co.uk

Neal's Yard Dairy 57
17 Shorts Gardens
London WC2H 9UP
T 7240 5700
E mailorder@nealsyarddairy.co.uk

Neal's Yard Remedies 57
15 Neal's Yard
London WC2H 9DP
T 7379 7222
F 7379 0705
W www.nealsyardremedies.com

Newman Arms 66
23 Rathbone Street
London W1P 1NH
T 7636 1127
F 7580 5878
E info@newmanarms.co.uk
W www.newmanarms.co.uk

Number 10 17
10 Golborne Road
London W10 5PE
T 8969 8922
W www.number10london.com

Oki Ni 169
25 Savile Row
London W1S 3PR
T 7494 1716
W www.oki-ni.com

The Old Queen's Head 82
44 Essex Road
London N1 8LN
T 7354 9273

Old Vic Theatre 105
Waterloo Road
London SE1
T 870 060 6628
W www.oldvictheatre.com

Olivia Morris 17
355 Portobello Road
London W10 5SA
T 8962 0353
E info@oliviamorrisshoes.com
W www.oliviamorrisshoes.com

Overdose on Design 90
182 Brick Lane
London E1 6SP
T/F 7613 1266
E shop@overdoseondesign.com
W www.overdoseondesign.com

Oxo Tower 100
Bargehouse Street
London SE1 9PH
T 7803 3888
W www.oxotower.co.uk

Ozer 63
4–5 Langham Place
Regent Street
London W1A 3DG
T 7323 0505
F 7323 0111

Ozwald Boateng 166
9 Vigo Street
London W1X 1AL
T 7437 0620
E shop@bespokecoutureltd.co.uk
W www.ozwaldboateng.co.uk

Palette London 82
21 Canonbury Lane
London N1 2AS
T 7288 7428
W www.palette-london.com

Passione 64
10 Charlotte Street
London W1T 2IT
T 7636 2833
W www.passione.co.uk

Paul Smith 164
Westbourne House
122 Kensington Park Road
London W11 2EP
T 7727 3553

40–44 Floral Street 54
London WC2E 9DS
T 7379 7133
W www.paulsmith.co.uk

Pauric Sweeney 92
25a Pitfield Street
London N1 6HB
T/F 7253 5150

Philip Somerville 63
38 Chiltern Street
London W1U 7QR
T 7224 1517
F 7486 5885

Philip Treacy 171
69 Elizabeth Street
London SW1W 9PJ
T 7824 8787
F 7824 8262
W www.philiptreacy.co.uk

Pied à Terre 64
34 Charlotte Street
London W1
T 7636 1178 / 07714 293 026
W www.pied-a-terre.co.uk

The Pineal Eye 52
49 Broadwick Street
London W1F 9QR
T/F 7434 2567

The Pitfield Beer Shop 92
14 Pitfield Street
London N1 6EY
T 7739 3701
W www.pitfieldbeershop.co.uk

Poetry Café 53
22 Betterton Street
London WC2H 9BX
T 7420 9880
F 7240 4818
W www.poetrysociety.org.uk

Portobello Road / Market 17
Portobello Road
London W11

The Portrait Restaurant 148
The National Portrait Gallery
St Martin's Place
London WC2H 0HE
T 7312 2490
W www.npg.org.uk

Preen 17
Unit 5, Portobello Green Arcade
281 Portobello Road
London W10 5TZ
T 8968 1542

Princes and Piccadilly Arcades 48
Von Jermyn Street abgehend
London W1

Quality Chop House 76
92–94 Farringdon Raod
London EC1R 3EA
T 7837 5093
F 7833 8748
E thequalitychophouse@claranet.com

R. K. Stanley's 64
6 Little Portland Street
London W1W 7JE
T 7462 0099
F 7462 0088

Rachel Riley 37
14 Pont Street
London SW1X 9EN
T 7935 7007
F 7935 7004
E enquiries@rachelriley.co.uk
W www.rachelriley.com

Rasa Samudra 64
5 Charlotte Street
London W1T 1RE
T 7637 0222
W www.rasarestaurants.com

Rasoi Vineet Bhatia 143
10 Lincoln Street
London SW3 2TS
T 7225 1881
F 7581 0220
W www.vineetbhatia.com

Red Fort 142
77 Dean Street
London W1D 3SH
T 7437 2525
F 7434 0721
E info@redfort.co.uk
W www.redfort.co.uk

Rellik 174
8 Golborne Road
London W10 5NW
T/F 8962 0089

Richard James 165
29 Savile Row
London W1S 2EY
T 7434 0605
F 7287 2265
E mail@richardjames.co.uk
W www.richardjames.co.uk

Roka 64
37 Charlotte Street
London W1T 1RR
T 7580 6464

Rokit 53
42 Shelton Street
London WC2H 9Hz
T 7836 6547
101 and 107 Brick Lane
London E1 6SE
T 7375 3864
W www.rokit.co.uk

Ronnie Scott's 53
47 Frith Street
London W1D 4HT
T 7439 0747
F 7437 5081
E ronniescotts@ronniescotts.co.uk
W www.ronniescotts.co.uk

The Rookery 118
Peter's Lane, Cowcross Street
London EC1M 6DS
T 7336 0931
F 7336 0932
E reservations@rookery.co.uk
W www.rookery.co.uk

Rough Trade 20
130 Talbot Road
London W11 1JA
T 7229 8541
W www.roughtrade.com

Royal Arcade 48
Von Bond Street abgehend
London W1

Royal Institute of British Artists (RIBA) 64
66 Portland Place
London W1B 1AD
T 7580 5533
F 7255 1541
E info@inst.riba.org
W www.architecture.com

Ruby Lounge 157
33 Caledonian Road
London N1 9BU
T 7837 9558
W www.ruby.uk.com

Rules 134
35 Maiden Lane
London WC2E 7LB
T 7836 5314
F 7497 1081
E info@rules.co.uk
W www.rules.co.uk

Rupert Sanderson 47
33 Bruton Place
London W1J 6NP
T 0870 750 9181
W www.rupertsanderson.co.uk

S & M 82
4–6 Essex Road
London N1 8LN
T 7359 5361

Sadler's Wells 79
Rosebery Avenue
London EC1R 4TN
T 7863 8198
F 7863 8199
E reception@sadlerswells.com
W www.sadlerswells.com

The Sanctuary 54
12 Floral Street
London WC2E 9DH
T 0870 770 3350
F 0870 770 3359
E info@thesanctuary.co.uk
W www.thesanctuary.co.uk

The Sanderson 120
50 Berners Street
London W1T 3NG
T 7300 1400
F 7300 1401
E sanderson@ianschragerhotels.com
W www.ianschragerhotels.com

Savoy Grill 54
The Strand
London WC2R 0EU
T 7592 1600
F 7592 1601
E savoygrill@marcuswareing.com
W www.savoygroup.com

The Scarsdale Tavern 25
23a Edwardes Square
London W8 6HE
T 7937 1811
F 7938 2986

Selfridges 166
400 Oxford Street
London W1A 1AB
T 08708 377 377
W www.selfridges.co.uk

Serpentine Gallery 31
Kensington Gardens
London W2 3XA
T 7298 1515
W www.serpentinegallery.org

Shakespeare's Globe 102
21 New Globe Walk, Bankside
London SE1 9DT
T 7902 1400
F 7902 1401
E info@shakespearesglobe.com
W www.shakespeares-globe.org

Simon Finch 23
61a Ledbury Road
London W11 2AL
T 7792 3303
F 7243 2134
W www.simonfinch.com

Sir John Soane's Museum 66
13 Lincoln's Inn Fields
London WC2A 3BP
T 7405 2107
F 7831 3957
W www.soane.org

Sketch 140
9 Conduit Street
London W1S 2XZ
T 0870 777 4488
F 0870 777 4400

Smiths of Smithfield 75
67–77 Charterhouse Street
London EC1M 6HJ
T 7251 7950
E reservations@smithsofsmithfield.co.uk
W www.smithsofsmithfield.co.uk

Smithy's 153
15–17 Leeke Street
London WC1X 9HZ
T 7278 5949
F 7837 6898

The Social 157
5 Little Portland Street
London WC1W 7JD
T 7637 4992
W www.thesocial.co.uk

Solange Azagury-Partridge 171
171 Westbourne Grove
London W11 2RS
T 7792 0197

Somerset House 57
The Strand
London WC2R 1LA
T 7845 4600
E info@somerset-house.org.uk
W www.somerset-house.org.uk

South Bank Centre 102
South Bank
London
T 7921 0600
F 7928 0063
W www.sbc.org.uk

Southwark Cathedral 105
Montague Close
London SE1 9DA
T 7367 6700
F 7367 6725
E cathedral@dswark.org.uk
W www.dswark.org/cathedral

The Spice Shop 20
1 Blenheim Crescent
London W11 2EE
T 7221 4448
W www.thespiceshop.co.uk

Spitalfields Market 89
Commercial Street
London E1
W www.spitalfields.org.uk
Geöffnet Montag bis Freitag 9–17 Uhr, Sonntag 9.30–17.30 Uhr

The Square Pie Company 89
Spitalfields Market
London EC1 6AA
T 7377 1114
W www.squarepie.com

St Bartholomew the Great 74
West Smithfield
London EC1A 7JQ
T 7606 5171
F 7600 6909
W www.greatstbarts.com

St Etheldreda 66
Ely Place
London EC1N 6RY

St John 144
26 St John Street
London EC1M 4AY
T 7251 0848
F 7251 4090
W www.stjohnrestaurant.co.uk

St Stephen Walbrook 89
Walbrook Street
London EC4

Stella McCartney 172
30 Bruton Street
London W1J 6LG
T 7518 3100
W www.stellamccartney.com

Stephen Einhorn 81
210 Upper Street
London N1 1RL
T 7359 4977
E info@stepheneinhorn.co.uk
W www.stepheneinhorn.co.uk

Suzy Harper 82
44 Cross Street
London N1 2BA
T 7288 0820

Tadema Gallery 81
10 Charlton Place, Camden Passage
London N1 8AJ
T/F 7359 1055
E info@tademagallery.com
W www.tademagallery.com

Target Gallery 66
7 Windmill Street
London W1T 2JE
T 7636 6295

Tate Modern 101
Bankside
London SE1 9TG
T 7887 8000
W www.tate.org.uk/modern

Tate to Tate Boat Service 102
Thames Clippers
Bootsshuttle zwischen Tate Britain, London Eye und Tate Modern
T 7887 8888
W www.thamesclippers.com

Tatty Devine 90
236 Brick Lane
London E2 7EB
T 7739 9009
E info@tattydevine.com
W www.tattydevine.com

Tom Aikens 145
43 Elystan Street
London SW3 3NT
T 7584 2003
F 7584 2001
W www.tomaikens.co.uk

Townhouse 38
31 Beauchamp Place
London SW3 1NU
T 7589 5080
F 7581 3777
E emails@lab-townhouse.com
W www.lab-townhouse.com

Trailer Happiness 158
177 Portobello Road
London W11 2DY
T 7727 2700
W www.trailerhappiness.co.uk

The Truman Brewery 90
91–95 Brick Lane
London E1 6QL
W www.trumanbrewery.com

Turnbull & Asser 167
71–72 Jermyn Street
London SW1Y 6PF
T 7808 3000
F 7808 3001
W www.turnbullandasser.co.uk

Twenty Twenty-one 81
274 Upper Street
London N1 2UA
T/F 7288 1996
Lager:
18c River Street
London EC1R 1XN
T 7837 1900
E info@twentytwentyone.com
W www.twentytwentyone.com

Uli 20
16 All Saints Road
London W11 1HH
T 7727 7511

Umu 132
14–16 Bruton Place
London W1
T 7499 8881

Under the Westway 156
Westbourne Studios
242 Acklam Road
London W10 5JJ
T 7575 3123
F 7575 3124

Unto This Last 90
230 Brick Lane
London E2
T 7613 0882
E Comments@UntoThisLast.co.uk
W www.UntoThisLast.co.uk

V. V. Rouleaux 35
54 Sloane Square
Cliveden Place
London SW1W 8AW
T 7730 3125
F 7730 9985
E sloane@vvrouleaux.com
W www.vvrouleaux.com

Vertigo42 151
Tower 42
25 Old Broad Street
London EC2N 1HQ
T 7877 7842
F 7877 7788
W www.vertigo42.co.uk

Vessel 19
114 Kensington Park Road
London W11 2PW
T 7727 8001
E vesselstore@aol.com

Vibe Bar 90
The Old Truman Brewery
91–95 Brick Lane
London E1 6QL
T 7377 2899

Victoria and Albert Museum 30
Cromwell Road
London SW7 2RL
T 7942 2000
E vanda@vam.ac.uk
W www.vam.ac.uk

Viet Hoa 94
70–72 Kingsland Road
London E2 8DP
T 7729 8293

Villandry 64
170 Great Portland Street
Lon191don W1W 5QB
T 7631 3131
F 7631 3030
W www.villandry.com

Vinopolis 105
1 Bank End
London SE1 9BU
T 0870 4444 777
E sales@vinopolis.co.uk
W www.vinopolis.co.uk

The Vintage House 50
42 Old Compton Street
London W1V 6LR
T 7437 5112
W www.sohowhisky.com

Virginia 18
98 Portland Road
Clarendon Cross
London W11 4LQ
T 7727 9908

Wall 25
1 Denbigh Road
London W11 2SJ
T 7243 4623
F 7243 4622

The Wallace Collection 63
Manchester Square
London W1U 3BN
T 7563 9500
F 7224 2155
E admin@the-wallace-collection.org.uk
W www.the-wallace-collection.org.uk

Wallace Sewell 79
24 Lloyd Baker Street
London WC1X 9AZ
T/F 7833 2995
W www.wallacesewell.com

West Street 126
13–15 West Street
London WC2H 9NE
T 7010 8700
F 7010 8601
E weststreet@egami.co.uk
W www.weststreet.org

The Westbourne 20
101 Westbourne Park Villas
London W2 5ED
T 7221 1332
F 7243 8081
W www.thewestbourne.com

White Cube 94
48 Hoxton Square
London N1 6PB
T 7930 5373
F 7749 7470
W www.whitecube.com

Whitechapel Art Gallery 89
80–82 Whitechapel High Street
London E1 7QX
T 7522 7878
F 7377 1685
E info@whitechapel.org
W www.whitechapel.org

William Hunt 165
41 Savile Row
London W1S 3QQ
T/F 7439 1921

William Yeoward Crystal 32
336 King's Road
London SW3 5UR
T 7351 5454
F 7351 9469
270 King's Road (homeware)
London SW3 5AW
T 7349 7828
F 7349 7820
W www.williamyeoward.com

Wiltons 137
55 Jermyn Street
London SW1Y 6LX
T 7629 9955
W www.wiltons.co.uk

Windsor Castle 154
114 Campden Hill Road
London W8 7AR
T 7243 9551
W www.windsor-castle-pub.co.uk

The Wolseley 136
160 Piccadilly
London W1J 9EB
T 7499 6996
F 7499 6888
W www.thewolseley.com

Yauatcha 141
15 Broadwick Street
London W1F 0DL
T 7494 8888

Ye Olde Mitre Tavern 152
1 Ely Place, Ely Court
London EC1N 6SJ
T 7405 4751

Zaika 142
1 Kensington High Street
London W8 5SF
T 7795 6533
F 7937 8854
E info@zaika-restaurant.co.uk
W www.zaika-restaurant.co.uk

Zarvis 17
4 Portobello Green
281 Portobello Road
London W10 5TZ
T/F 8968 5435
E v.zarvis@virgin.net
W www.zarvis.com

The Zetter 112
86–88 Clerkenwell Road
London EC1M 5RJ
T 7324 4444
F 7324 4445
E info@thezetter.com
W www.thezetter.com

Brighton 178
Direkte Züge nach Brighton verkehren im 30-Minuten-Takt ab King's Cross Thameslink (Fahrtzeit: 1 Std. 20 Min.) und London Victoria (50 Min.). Genaue Abfahrtszeiten erfahren Sie in London telefonisch unter 08457 48 49 50 oder unter www.railtrack.co.uk.
Beide Hotels und weitere Ziele befinden sich in Gehweite vom Bahnhof. Taxis gibt es reichlich.

Blanch House
17 Atlingworth Street
Brighton
East Sussex BN2 1PL
T 01273 603504
F 01273 689813
W www.blanchhouse.co.uk
Zimmer ab £ 125

Hotel Pelirocco
10 Regency Square
Brighton
East Sussex BN1 2FG
T 01273 327055
F 01273 733845
W www.hotelpelirocco.co.uk
Zimmer ab £ 100

Bath 180
Von London besteht eine stündliche Schnellzugverbindung nach Bath (genaue Abfahrtszeiten unter Telefon 08457 48 49 50 oder unter www.railtrack. co.uk). Vom Bahnhof Paddington dauert die Fahrt ca. 1 Std. 20 Min.
Babington House ist rund 19 Kilometer von Bath entfernt. Man erreicht das Hotel am einfachsten mit dem Taxi, die Fahrt kostet £ 25 – £ 30.

Babington House
Babington
In der Nähe von Frome
Somerset BA11 3RW
T 01373 812266
F 01373 812112
E enquiries@babingtonhouse.co.uk
W www.babingtonhouse.co.uk
Zimmer ab £ 210

Bray 182
Der Zug ab Bahnhof Paddington nach Maidenhead verkehrt etwa alle 30 Minuten (genaue Abfahrtszeiten telefonisch unter 08457 48 49 50 oder unter www.railtrack.co.uk). Die Fahrt dauert 30 bis 40 Minuten.
Nehmen Sie am Bahnhof Maidenhead ein Taxi zur Bray High Street oder direkt zu einem der auf S. 183 beschriebenen Ziele. Der Preis für die Fahrt beträgt etwa £ 10.

The Waterside Inn
Ferry Road
Bray-on-Thames
Berkshire SL6 2AT
T 01628 620 691
F 01628 784 710
W www.waterside-inn.co.uk
Zimmer ab £ 160

The Fat Duck
High Street
Bray-on-Thames
Berkshire SL6 2AQ
T 01628 580 333
F 01628 776 188
W www.fatduck.co.uk

The Hind's Head
The High Street
Bray
Berkshire
T 01628 626 151

Monkey Island Hotel
Bray-on-Thames
Berkshire SL6 2EE
T 01628 623 400
F 01628 784 732
E monkeyisland@btconnect.com
W www.methotels.com/monkeyisland
Zimmer ab £ 200

Gravetye Manor 184
Nehmen Sie einen Zug ab London Victoria nach East Grinstead. Die Züge gehen alle 30 Min. – genaue Abfahrtszeiten telefonisch unter 08457 48 49 50 oder unter www.railtrack.co.uk –, die Fahrt dauert 50 Min.
Vom Bahnhof kommt man mit dem Taxi zum Hotel (ca. £ 15).

In der Nähe von East Grinstead
West Sussex RH19 4LJ
T 01342 810567
F 01342 810080
E info@gravetyemanor.co.uk
W www.gravetyemanor.co.uk
Zimmer ab £ 210

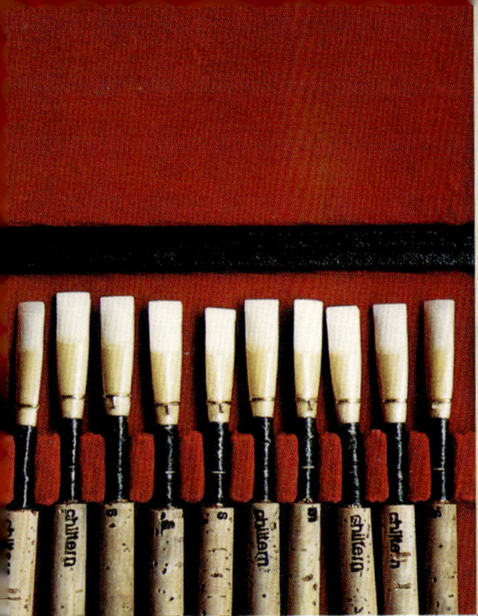

AMERICA · AFRICA
ASIA · AUSTRALASIA